THÈSE

POUR LE

DOCTORAT

SOUTENUE PAR

HENRI-EMMANUEL-DIDIER PAILHÉ

Né à Bagnères de Bigorre (Hautes-Pyrénées)

PARIS

ANCIENNE MAISON GUSTAVE RETAUX

PICHON-LAMY ET DEWEZ, LIBRAIRES-ÉDITEURS

— 15, RUE CUJAS, 15 —

1870

DE LA

REPRÉSENTATION DES CAPABLES

EN MATIÈRE EXTRA-JUDICIAIRE

DANS LE DROIT ROMAIN ET LE DROIT FRANÇAIS

THÈSE POUR LE DOCTORAT

SOUTENUE

le jeudi 30 juin 1870 à 10 heures ½

PAR

HENRI-EMMANUEL-DIDIER PAILHÉ

(Né à Bagnères de Bigorre (Hautes-Pyrénées)

Président : M. A. BATBIE

SUFFRAGANTS :
{ MM. PELLAT
MACHELARD
DEMANTE } PROFESSEURS

LEVEILLÉ } AGRÉGÉ

PARIS

ANCIENNE MAISON GUSTAVE RETAUX.

PICHON-LAMY ET DEWEZ, LIBRAIRES-ÉDITEURS,

Rue Cujas, 15

1870

A LA SAINTE MÉMOIRE DE MA MÈRE

———

A CEUX QUI ME RESTENT

INTRODUCTION

La capacité naturelle qui appartient aux personnes de faire des actes juridiques peut recevoir deux modifications positives : 1° une *restriction*, ce qui arrive quand certaines personnes sont déclarées incapables de certains actes ou de tous actes quelconques ; 2° une *extension*, ce qui se produit par la représentation.

La représentation exerce une double influence sur l'ensemble des actes juridiques. D'abord elle supplée à la capacité restreinte, en faisant intervenir des opérations libres, dans les rapports de droit qui concernent les impubères, les aliénés, les interdits. En outre, elle facilite les transactions ; car elle multiplie les organes juridiques de chaque individu, et par là des actes s'accomplissent, dont la réalisation en fait eût été, sinon impossible, du moins beaucoup plus difficile.

Ces deux aspects de la représentation présentent un égal intérêt ; nous aurions aimé à les traiter tous les deux. Ainsi, quand elle supplée à la capacité

restreinte, on y aperçoit tout de suite un côté philo-
sophique et moral qui nous a vivement attiré ; on
peut dire qu'elle devrait alors se résumer dans un
mot, *protection*. Par elle, la société exerce sa plus
noble prérogative, qui est de surveiller et de faciliter
le développement de l'individu ; les forts reçoivent,
à la décharge des fonctionnaires publics, la mission
de travailler au bien des faibles. Et comme cette
délégation ne doit pas être un abandon, l'État se
réserve un contrôle sur le délégué, comble les la-
cunes de sa gestion, et le remplace s'il en est besoin.
Quand la famille proprement dite vient à manquer,
l'État est toujours là, grande famille qui enserre
toutes les autres (Ou dot, *droit de la famille*). Mais
cette conception généreuse s'est mélangée souvent
d'autres idées moins nobles ; à Rome, par exemple,
certaines de ces prétendues mesures de protection
(et ce ne sont pas les moins célèbres), étaient orga-
nisées dans l'intérêt du protecteur, et non du protégé,
qui ne connaît, au moins de nom, la tutelle des
agnats sur les femmes et la curatelle légitime des
furiosi ? Ces vastes notions de la *représentation légale*
vont s'épurant à travers les âges, et notre droit moderne a marqué là-dessus l'empreinte d'ineffaçables
progrès.

Certes cette étude serait belle, mais elle serait
immense aussi. Nous avons préféré porter notre travail sur l'autre face de la représentation, qui se

recommandait à notre choix par des caractères plus spécialement juridiques. Ce que nous voulons examiner, c'est donc l'influence de la représentation sur les transactions, qui peuvent intervenir entre personnes capables. Encore même ce champ serait-il bien large; nous en retrancherons tout ce qui a trait à la représentation devant les tribunaux, et nous bornerons définitivement notre sujet à la *représentation extra-judiciaire.*

Dans ces termes, avant d'exposer les principes qui la régissent, il faut déterminer l'étendue de son domaine. Ce domaine est le droit des biens; la représentation des personnes capables n'a que d'insignifiantes applications au droit de la famille. De plus, en matière d'obligations, elle affecte ou peut affecter les transactions mêmes, c'est-à-dire les relations de personne à personne, mais non la réparation nécessaire qu'entraîne la violation du droit; ainsi on peut contracter par représentants, tandis qu'en ce qui touche les délits la représentation est impossible.

PREMIÈRE PARTIE

DROIT ROMAIN

CHAPITRE PRÉLIMINAIRE

Il est un principe capital dans la loi romaine à l'origine; rattaché par sa cause et par ses effets à plusieurs parties intéressantes du droit, nous devrons l'envisager sous toutes ses faces et l'étudier à fond. On le formule ainsi : nul ne peut être représenté par autrui dans les actes juridiques, si ce n'est par les individus soumis à sa puissance, et seulement pour acquérir, jamais pour diminuer ses biens. Or si nous considérons que le rapport de puissance réunit et confond dans une seule personnalité le père et les enfants, le mari et la femme *in manu*, le maître et les esclaves, nous verrons qu'à ce point de vue, l'exception au principe est plus dans les mots que dans les choses. Chacun agit pour lui-même, contracte, acquiert, s'oblige; le droit actif ou passif est constitué seulement dans la personne des auteurs de l'acte constitutif.

Telle est la théorie fameuse que nous allons étudier. Nous rassemblerons les décisions diverses de la législation romaine, et nous présenterons comme en un tableau les anciennes rigueurs de la règle avec les adoucissements graduels que les siècles y apportèrent; nous verrons enfin apparaître l'idée si féconde et si raisonnable de la représentation par autrui.

Comment s'explique-t-on l'étonnante durée d'une prohibition qui devait sembler bien gênante dans la pratique? On peut en donner plusieurs motifs.

Au commencement de toutes les sociétés, à l'époque où les nations se fondent, dans la période crépusculaire de la civilisation, un phénomène saillant éclate aux yeux de l'historien et du jurisconsulte. C'est que les droits prennent leur source dans un fait matériel et symbolique. Ne parlez point de relations abstraites à ces peuples primitifs; les abstractions n'ont pas cours chez eux. Ils ne sont accessibles qu'aux notions qui leur arrivent par les sens et par l'imagination; aussi la loi de ces hommes simples ne tient-elle compte que de ce qu'on peut entendre ou voir. A telle ou telle forme concrète de procéder, elle attache tel ou tel droit déterminé; mais il lui paraîtrait étrange que l'effet des actes juridiques ainsi

matérialisés, pût sortir de ce cadre étroit et se poser
sur la tête de quiconque n'a pas eu part à l'opération
génératrice : Quand l'esprit humain ne s'est pas
encore assoupli par un long usage de la pensée, tant
d'inflexibilité lui est naturelle. Les Romains ont
subi le sort commun. De tous côtés, dans leurs
premières origines nationales, on retrouve ces caractères de l'enfance des peuples, le symbolisme, les
emblèmes sensibles, « un rituel de pantomimes et de
paroles consacrées. » *(Ortolan)*. Ainsi le principe de
la non-représentation entra dans leurs lois, parce
qu'il était dans leurs mœurs, et qu'ils ne pouvaient
élever leur pesante raison jusqu'à la conception mé-
taphysique de la représentation.

Ce dernier aperçu nous paraît confirmé par l'étude
du caractère et de l'esprit romains. Certes les vieux
Quirites ont droit à notre admiration; nul peuple au
monde n'a trouvé dans son berceau plus de dangers
et plus de gloire. Mais s'ils eurent des qualités hé-
roïques, avouons que les défauts ne leur manquè-
rent pas. Ces grands guerriers étaient durs, avares,
égoïstes; faut-il rappeler, à l'appui de notre dire,
certaines prescriptions fameuses de leur antique loi,
si justement gravée sur des tables d'airain ? Aussi
les mêmes hommes qui se dévouaient à la patrie
sans compter avec elle, on les voyait, à peine ren-
trés dans la vie civile, redevenir despotes au foyer
domestique, comme si le sentiment de leur person-

nalité se fût exagéré dans les grandes actions. Qu'avaient-ils besoin de représentants et de mandataires ? Ils veulent et savent agir par eux-mêmes. Le mandat n'est donc pas usité, et la vraie notion de ce contrat ne peut venir au jour.

D'ailleurs, et voici le point décisif, le Romain des premiers temps n'avait guère d'autres occupations que la guerre et l'agriculture; c'est de cette époque simple que le poète aurait pu dire : « *et curvæ rigidum falces curvantur in ensem.* » Le commerce et l'industrie préoccupaient peu les contemporains de Camille et de Manlius: pour dire vrai, Rome ne fut jamais bien hospitalière à ces arts de la paix. Dès lors, vû la rareté des transactions, le besoin du mandat se faisait rarement sentir. Et quant aux petites opérations, aux négociations faciles de la vie privée, le maître.de maison, le père de famille avait sous la main un groupe de mandataires naturels et légaux dans les personnes soumises à sa puissance. La famille romaine avait un chef; dans cette sphère, la personnalité du chef absorbait toutes les autres; le rôle de l'esclave n'était que d'emprunt, et les enfants ne comptaient guère plus; tout ce que les esclaves et les enfants acquéraient, sans exception, ils l'acquéraient pour le maître ou le père, qui pouvait aussi, mais seulement s'il le voulait, s'obliger par leur intermédiaire. Ce remarquable effet de la *potestas dominica* ou *patria* rendait le plus

souvent superflue toute intervention d'un mand a-
taire étranger, d'un représentant *extraneus*.

Telles nous semblent être les particularités d'idées
et de mœurs qui empêchèrent à Rome l'avènement
de notre représentation moderne. Passons aux détails juridiques.

Il résultait donc de la constitution des familles
romaines, que le chef disposait de certains représentants forcés. Ainsi la représentation par le moyen
d'étrangers, sans être inconnue n'était pas fréquente
et quand on y avait recours, elle ne produisait que
des effets incomplets; car le représentant, seul engagé dans les conséquences avantageuses ou désa-
vantageuses de l'acte réalisé pour le compte du représenté, ne lui en pouvait transmettre le bénéfice
ou la perte que par une nouvelle opération où le
représenté fût partie. Comment qualifierons-nous
ces deux sortes de représentation ? La première,
celle qui a lieu par l'entremise des personnes en
puissance, s'appellera pour nous *représentation naturelle*, puisque l'épithète de *légale* est ordinairement réservée à la représentation organisée dans
l'intérêt des incapables. Nous appellerons la seconde
représentation conventionnelle.

Ces deux espèces de représentation n'étaient pas
si profondément distinctes, qu'il n'y eût entre elles
aucun point de contact. Notre premier soin sera de
rechercher ce qui leur fut commun, et nous exposerons ensuite ce qui les séparait.

CHAPITRE I

Effets communs de la représentation na‑ turelle et de la rep. conventionnelle.

C'est à l'égard de la possession que la représenta‑ tion naturelle et la représentation conventionnelle produisent en général des résultats analogues. La matière est vaste et semée de difficultés; pour y met‑ tre plus d'ordre, nous examinerons ces résultats à un double point de vue : comment acquiert-on la pos‑ session par autrui? comment la perd-on par autrui ?

§ I — *Acquisition de la possession par autrui.*

Quant à l'acquisition de la possession par autrui, le problème se pose en ces termes : comment est-il possible d'acquérir par autrui conscience du pou‑ voir physique sur une chose? La possession, en effet, suppose deux conditions ou éléments, le *corpus* ou pouvoir physique sur la chose, *l'animus sibi habendi* ou volonté de la posséder pour soi (nous n'avons pas à sonder ici ces notions élémen‑ taires); or il est bien évident qu'on ne peut acquérir par autrui que le premier de ces deux éléments, et le second doit se rencontrer dans la personne du

représenté ; la possession naîtra de cette combinaison :

Ainsi comprise, l'acquisition de la possession par
autrui soulève trois questions (Savigny, *de la possession*, pag. 320, 1841) : 1. que doit faire le
représentant par lequel la possession est acquise ?
2o que doit faire le représenté à qui elle est acquise?
3o quel rapport doit exister entre le représentant
et le représenté ?

— Quant au premier point, il est bien évident que
le représentant doit au moins remplir les mêmes
conditions que s'il voulait acquérir pour lui-même,
c'est-à-dire qu'il faut une appréhension accompa-
gnée de l'*animus possidendi* ; par conséquent les
personnes incapables de vouloir sont également
incapables d'être représentants (loi I, § 9-10, *de
poss.*). Seulement l'*animus possidendi* doit présenter ici ce caractère particulier, que le représentant entende acquérir la possession, non pour lui-
même, mais pour le représenté ; s'il voulait
devenir possesseur, ou procurer cette qualité à un
tiers, son acte produirait le résultat voulu, à moins
qu'il n'y eût dans l'espèce un obstacle de droit, par
exemple, la condition d'esclave (comme on le
verra plus loin). En matière de tradition, cette
règle certaine souffre une exception. Là, c'est
spécialement à l'intention du *tradens* qu'il faut
s'attacher ; la possession s'acquiert d'après cette

intention, alors même que le représentant, infidèle
à sa mission, prétendrait l'acquérir pour lui-même
ou pour un tiers (loi XIII, *de donationib*).

— Il est nécessaire, en second lieu, que le représenté veuille acquérir la possession ; en consé
quence, l'acquisition ne se réalise pas, s'il n'a
aucune connaissance du fait qui la doit produire ;
d'où la maxime *ignoranti possessio non adquiritur*. Mais il faut bien démêler et distinguer les
deux sens possibles de ce principe ; si je vous
charge d'acquérir pour moi la possession d'une
chose, je posséderai par votre entremise, même
avant d'avoir reçu connaissance de l'accomplissement du mandat, et cette *ignorantia* ne rendra
impossible pour moi que l'usucapion ; ce n'est
donc pas celle qui fait l'objet de notre deuxième
règle. L'*ignorantia* dont il est question, c'est l'ignorance complète de toute l'opération, celle qui laisse
un doute sur l'intention du représenté : veut-il
ou ne veut-il pas l'acquisition ? Nul ne le sait,
puisqu'il n'a pas donné mission d'acquérir. Si-
gnalons néanmoins trois exceptions, relatives à
l'acquisition par le tuteur et par les corporations
(celles-là ne sont pas de notre sujet), ainsi qu'au
pécule. Nous aurons à revenir sur la dernière.

— Enfin nous arrivons au lien juridique qui doit
unir le représentant et le représenté. C'est en ce
troisième point que la représentation appliquée à

la possession s'écarte le plus du droit commun de Rome.

Le lien juridique entre le représentant et le représenté peut-être un rapport de puissance, ou résulter d'une convention libre.

Possession acquise par les représentants naturels. — S'il existe un pouvoir légal du réprésenté sur le représentant, il n'y a rien d'étonnant à ce que la possession soit acquise à celui-là par celui-ci ; car nous avons posé, au début de notre étude, le grand principe romain, *nul ne peut être représenté par autrui dans les actes juridiques, si ce n'est par les individus soumis à sa puissance ;* l'acquisition de la possession par l'esclave ou par l'enfant n'est donc qu'un des cas d'application de cette vérité fondamentale.

Mais nous devons signaler d'importants détails. 1° Le maître n'acquiert la possession par un esclave, qu'à la condition de posséder lui-même cet esclave. Si l'esclave est possédé par autrui ou s'il n'est en la possession de personne, le maître ne peut, en cette qualité, acquérir aucune possession par son intermédiaire (loi XXI, pr. loi LIV, § 4, *de adq. rer. dom* ; loi I, § 6, *de poss.*) ; pour exemple d'une situation pareille, nous citerons l'esclave donné en gage. A l'égard de l'esclave fugitif, les textes le déclarent encore possédé par son maître, et conséquemment capable de lui acquérir la possession, tant qu'il n'est point tombé entre les mains d'autrui ou qu'il ne se considère par lui-même comme un homme libre (loi I, § 14; loi L, § 1, *de poss.*). La *libertatis possessio* est incompatible avec la *servi possessio*; mais le *liberale judicium* n'a point cet effet par lui-même et laisse en suspens la *servi possessio* ainsi que l'*adquisitio per servum* (loi III, §. 10, *de poss;* — loi XXV, § 2, *de lib. caus.*)

La corrélation est si étroite entre la *servi possessio* et l'*adquisitio possessionis per servum*, qu'on peut acquérir par l'esclave dont on n'est pas le maître, pourvu qu'on en soit le possesseur de bonne foi.

Deux conditions ont paru nécessaires pour légitimer ce résultat; il faut que l'acquisition provienne du travail de l'esclave ou se rattache au patrimoine du possesseur (Gaïus, *Comm.* 2, § 94). Et celui là seulement est possesseur de bonne foi, qui se croit propriétaire; en conséquence le créancier gagiste, bien que juste possesseur de l'esclave mis en gage, ne saurait acquérir de possession par son intermédiaire.

L'usufruitier acquiert-il par l'esclave, aux mêmes conditions que le possesseur de bonne foi? Il y a eu doute sur ce point, et Gaïus ne se prononce pas (*Comm.* 2, § 94); en effet, l'usufruitier ne possède pas l'esclave dans le sens propre du mot *pos-*

séder. Cependant la science épurée des jurisconsultes a reconnu ici le rapport ordinaire de la propriété, *jus in re* par excellence, avec les autres droits réels ; et comme on attribuait au propriétaire *l'adquisitio possessionis per servum possessum,* ou a dû attacher le même résultat, dans les deux cas spécifiés, à la quasi-possession de l'usufruitier (loi I, § 8; — loi XLIX, pr. *de poss.*).

2° Le père acquiert la possession par ses enfants; mais ce mode d'acquérir s'explique uniquement par la puissance paternelle et par l'unité du patrimoine dans la famille ; il ne se fonde pas, au contraire de ce que nous avons dit pour l'esclave, sur ce que le père posséderait lui-même ses enfants ; car une telle possession est inconcevable. Aussi ne peut-il être question ici ni de bonne foi, ni d'usufruit.

Ces principes relatifs à l'acquisition de la possession par les enfants ou par les esclaves, il fallut dans certains cas les modifier ou tout au moins les interpréter largement. Supposons une acquisition de possession provenue d'un pécule; alors, nous l'avons déjà dit, il n'est pas besoin que le chef de famille en ait eu connaissance (loi I, § 5, *de poss;* — loi IV, *cod.*), et l'usucapion peut commencer en même temps que cette possession (loi I, § 5, *de poss.*). En allant au fond des choses, on s'aperçoit vite que l'existence d'un pécule suppose chez le père ou le maître une intention générale d'acquérir à cette occasion ; ainsi l'exception est plus apparente que réelle. D'ailleurs il en découle cette conséquence remarquable que, le pécule une fois constitué, la possession peut être acquise à des personnes incapables d'une volonté quelconque, par exemple, aux enfants, aux insensés, aux successions Pour le captif, la question avait fait doute entre les anciens jurisconsultes ; ce doute s'explique aisément, si l'on songe que le captif manquait de l'*animus possidendi* et même d'une personnalité ordinaire. Mais la solution affirmative a prévalu dans le Digeste (loi 29, *de captiv;* —loi 16, *de oblig. et act.).*

3° Dans le droit primitif, il existait, outre la *dominica* et la *patria potestas,* deux autres sortes d'autorités frappées au coin de l'esprit romain, la *manus* et le *mancipium.* La possession s'acquérait-elle par les personnes soumises à cette puissance? Nous lisons dans Gaïus (*Comm.* 2 § 90) qu'on discutait là-dessus, parce que ni la *manus* ni le *mancipium* n'impliquait la possession de l'individu dépendant. En retrouvant ici la raison de douter déjà mentionnée à propos du *servus in quo ususfructus habetur,* nous nous étonnerons avec M. de Savigny (*de la possession*) qu'on n'ait pas eu la même incertitude pour les enfants en puissance paternelle ; car eux non plus n'étaient pas possédés.

Possession acquise par les représentants conven-
tionnels. — Le lien entre le représentant et le représenté peut aussi, nous l'avons dit, résulter d'une
convention libre; quel sera ce lien ? Il doit con-
sister dans la mission d'acquérir la possession.
Cette règle s'interprète littéralement; nous voulons
dire par là que la mission d'acquérir la possession,
en même temps qu'elle est suffisante pour arriver
à ce résultat, est aussi de toute nécessité.

Par conséquent, il n'est pas besoin que cette
mission constitue un acte juridique ou soit obligatoire en droit civil. Ainsi le pupille, incapable de
contracter, peut néanmoins acquérir la possession
pour un tiers; un texte du Digeste (loi XXXII, pr. *de*
poss.) nous le fait entendre clairement, parce que
ce qu'il dit de la continuation de la possession, mise
en contraste avec une *obligatio*, est également applicable à l'acquisition de la possession. De même
un esclave se chargerait efficacement d'une mission
pareille, s'il n'était lui-même en la possession de
personne comme esclave (loi XXXIV, §2, *de poss.*);
car dans ce dernier cas il ne saurait disposer
d'aucune de ses actions ni procurer à des tiers une
acquisition quelconque. Chose remarquable ! Le
maître, à ce titre seul de maître, n'obtient pas la
possession par son esclave qu'il ne possède pas ;
mais supposons que cet esclave ne soit possédé par
personne et qu'il jouisse en fait de la liberté ; rien

ne l'empêchera d'acquérir la possession au maître
par le moyen qui nous occupe à présent, c'est-à-
dire en vertu d'une mission donnée à cet effet ! Et
le possesseur de bonne foi d'un esclave n'obtiendrait
par son intermédiaire, en l'absence de toute mission, que la possession acquise *ex operis servi* ou
ex re possessoris ; mais ce même esclave lui ac-
querra toute autre possession s'il en a reçu mission;
la possibilité de cette acquisition ne ferait en effet
aucun doute, si l'esclave n'était en la possession de
personne. Ainsi nous sommes conduit à regarder
comme exceptionnelles les lois qui prohibent absolument l'acquisition par l'esclave au profit du créancier gagiste ou du possesseur de mauvaise foi
(loi 1, § 6 et 15, *de poss.*)

Il n'est donc pas indispensable que la mission
d'acquérir la possession engendre un lien d'obligation civile. A l'inverse, un lien de ce genre ne
pourrait pas la remplacer à lui seul. Le bailleur,
par exemple, a la possession juridique de la chose
louée; s'il meurt, le *jus obligationis* né du bail
passe à son héritier par la seule adition d'hérédité; en est-il de même de la possession ? Non; il
faut de plus un acte quelconque qui fasse du fermier, à ce point de vue particulier, le représentant
de son nouveau bailleur (loi XXX, § 5, *de poss.*).

On voit maintenant à quelle condition s'acquiert
la possession par l'entremise d'un *extraneus*; cette

condition est-elle requise toujours et sans exception ?

Nous avons écarté déjà une exception apparente. En étudiant en son lieu le deuxième élément d'une acquisition de possession par un représentant naturel ou conventionnel, c'est-à-dire la volonté d'acquérir indispensable au représenté, nous avons rencontré la maxime *ignoranti possessio non adquiritur*; si ce brocard, interprété comme nous l'avons fait, demeure incontestable en ce qui concerne l'acquisition de la possession par les représentants naturels, à plus forte raison doit-il l'être pour les représentants conventionnels; car ceux-ci ne peuvent acquérir de possession pour autrui sans une mission spéciale. Mais il n'en cache pas moins un piége, bien facile d'ailleurs à découvrir. Supposons l'existence d'un rapport de représentation ; la possession est immédiatement acquise au représenté par l'appréhension du représentant, alors même qu'il n'en a pas reçu avis, et de là vient une autre formule de droit : *etiam ignoranti possessio adquiritur.* Ce résultat ne touche en rien l'usucapion, qui ne commence jamais à l'insu du possesseur : *et postquam scientia intervenerit, usucapionis conditionem inchoari...* (loi I, *Cod. de poss.*); *et si possessio per procuratorem ignoranti quæritur, usucapio vero scienti competit* (loi LXIX, D. § 1, *de poss.*).

Mais ne voit-on pas au premier coup d'œil que

cette *ignorantis possessio* n'est qu'une objection
apparente et n'infirme en aucune façon notre
grande règle? Le représentant acquiert la possession sans en avoir reçu avis, mais à la condition
qu'il aura donné mission de l'acquérir ; donc il
n'ignore pas l'acquisition, il n'en ignore que le
jour. Par conséquent toute équivoque devient impossible; la formule de droit *etiam ignoranti possessio adquiritur* est et doit être subalterne à la
maxime *ignoranti possessio non adquiritur*; celle-ci
contient et domine celle-là.

C'est en vertu de ces principes que la possession
n'est obtenue par l'effet d'une *gestio negotiorum*
qu'après la *ratihabitio* (loi XXIV, *de negot. gest.*);
la ratification ne rétroagit pas; car la fiction de la
rétroactivité, applicable à des actes juridiques
proprement dits, ne saurait trouver place dans le
domaine des faits. Nous ne croyons pas davantage
qu'il y ait lieu à l'*ignorantis possessio* dans l'hypothèse d'un *procurator omnium bonorum* ou mandataire général, puisque son mandat ne fait pas
une mention spéciale de cette acquisition (loi XLII,
§ 1, *de poss.*; — Paul, liv. V, *Sent.* t. II, § 2). Toute
cette doctrine nous paraît certaine. Certains auteurs ont prétendu que l'empereur Sévère l'avait
modifiée par sa *Const.* 1, au *cod. de poss.* texte déjà
cité; mais nous en avons fourni une explication
atisfaisante et nous persistons à penser, avec M. de

Savigny, que notre règle, exacte dans le droit ancien, ne l'est pas moins dans le droit nouveau. La
possession n'est acquise par un représentant *extraneus* que si la volonté d'acquérir du représentant
s'est manifestée par une mission donnée à cette fin.

Cependant nous avons à citer deux exceptions :
1º les personnes civiles ne sont pas capables d'une
volonté proprement dite, et néanmoins elles peuvent
acquérir la possession par un tiers qui les représente. Quant aux municipes, cette faveur, ancien-
nement niée (loi I, § 22, *de poss.*) est affirmée en
termes formels dans les Pandectes (loi II, *cod.*);
or les autres corporations, sont assimilées aux municipes sous le rapport de l'acquisition de la possession (loi VII, § 3, *ad exhib.*); nous devons
donc leur reconnaître la même faculté. 2º Les personnes en tutelle ne sont pas capables de volonté
dans le sens juridique ; cependant elles peuvent
acquérir la possession par leurs tuteurs ou cura-
teurs, c'est-à-dire par des représentants qui ne
sont pas en leur puissance (loi XIII, § 1, *de
adq. rer. dom.*; — loi I, § 20, *de poss.*; — C. 26,
Cod. de donat.*).

Remarquons que la représentation d'une personne, en vue d'acquérir la possession, passserait
sans difficulté par plusieurs degrés. Ainsi Primus
charge Secundus de cette acquisition; il est indif-
férent que Secundus exécute sa mission lui-même

ou s'en remette à Tertius de ce soin; dans l'un et l'autre cas, c'est à Primus que l'acquisition profite.

Du constitut possessoire. — Entre les multiples applications de la règle qui permet d'acquérir la possession par l'intermédiaire d'une personne juridiquement indépendante, il en est une qui appelle l'attention. Dans une *brevi manu traditio*; le détenteur devient possesseur par la seule adjonction de l'*animus possidendi* au pouvoir physique qu'il avait déjà, il n'a pas à réaliser d'acte spécial. Or il peut arriver, au contraire, que le possesseur devienne détenteur par un effet de sa volonté, tandis que la possession passe immédiatement dans une autre main. C'est là le seul côté de la question qui nous intéresse. Cette manière de transférer la possession n'avait pas un nom propre dans le droit romain; elle s'appelle dans le droit moderne *constitutum possessorium*.

La loi XVIII, pr. *de poss.* énonce la proposition en termes généraux, et comme une facile conséquence de principes déjà connus; on y voit que la possession peut s'acquérir par simple convention, sans aucun acte extérieurement posé sur la chose elle-même. Cependant la simple convention est mise en parallèle avec la tradition dans un texte célèbre, qui ne reconnaît qu'à celle-ci la force de transférer la propriété; *traditionibus et usucapio-*

nibus dominia rerum, non nudis pactis transfe-
runtur (C. XX, *Cod. de pact.*); or la possession n'est-
elle pas étroitement en relation avec la propriété?
Mais si on étudie avec soin la nature du *consti-*
tutum, on le distingue bientôt de la convention
qui a pour objet le transfert de la propriété. Dans
le *constitutum*, il est entendu que le possesseur
actuel possédera désormais pour autrui; cette disposition se trouve-t-elle impliquée dans le contrat
de vente? Nullement. Au reste elle doit être formellement exprimée dans le constitut, ou pour le
moins résulter clairement des stipulations inter-
venues. En supposant remplie cette condition, il
importe peu que le possesseur actuel détint lui-même
la chose, ou qu'un autre en fût détenteur pour son
compte; ainsi le possesseur d'une maison louée
peut en transférer la possession par le *constitutum*
tout aussi bien que s'il l'habitait lui-même; nous
avons dit, en effet, que le lien de la réprésen-
tation embrasse sans difficulté plusieurs intermédiaires.

La théorie du constitut possessoire se réduit à
deux règles principales :

1o le *constitutum* est exceptionnel et ne se présume pas (loi XLVIII *de poss.* loi I, § 2, *de per.*
et comm. rei vind.).

2o cependant il faut admettre le *constitutum*
qui résulte d'un autre acte ou fait quelconque par

une conséquence nécessaire ; cette disposition s'explique par les exemples suivants. Le donateur qui prend en location la chose donnée ne dispose pas expressément de la possession; il a néanmoins voulu faire un contrat de bail avec le donataire; par suite ce dernier doit posséder la chose, et le donateur n'est plus qu'un possesseur pour autrui; il y a donc eu *constitutum* (loi LXXVII, *de rei vind.*). De même le vendeur ou donateur avec réserve d'usufruit a réellement transféré, par un constitut implicite, la possession en même temps que la propriété (C. XXVIII, C. XXXV, § 5, *Cod. de donat.*). Et quand le gage est laissé *precario* aux mains du débiteur, le créancier en acquiert également *per constitutum* la possession *ad interdicta* (loi XV, § 2, *qui satisd. cogit:*); mais cette dernière combinaison de faits ressemble beaucoup au pacte d'hypothèque, et l'on devra rechercher avec soin l'intention des parties.

Dans une société universelle de tous biens, on considère la tradition des apports comme parfaite dès la conclusion du contrat (loi I, § 1; — loi II, *pro socio*), ce qui ne peut encore une fois s'expliquer que par un *constitutum*. Comme le grand nombre des objets à livrer rend ici fort difficile une véritable tradition, on a sans doute imaginé de présumer un acte qui la remplaçât, et cet acte est le constitut possessoire.

Nous avons complétement exposé la manière d'acquérir la possession par autrui. De cet examen il résulte que toutes les considérations purement juridiques, qui ont en d'autres matières pour effet de produire ou d'empêcher l'acquisition d'un droit, n'ont pas ce résultat quand il s'agit de possession.

Nous allons maintenant rechercher l'influence de la représentation sur la perte de la possession. Cette question revient à celle-ci: comment la possession se continue-t-elle par un représentant ? car toute possession doit nécessairement se continuer aussi longtemps qu'on ne vient pas à la perdre: *cum enim intitulatur de amittenda possessione, ergo de retinenda, vel quousque retineatur; tamdiu enim retinetur, quamdiu non amittitur* (Azon, *in summa Cod. tit. de poss.*); *quod hic dicit amittenda, sed Cod. eod. dicit retinenda, quod in idem recidit, quia contrariorum eadem est disciplina* (Glossa, in rubr., *Dig. tit. de poss. not.*).

§ II. — *Perte de la possession par autrui*

Nous retrouvons ici les trois éléments analysés plus haut; seulement ils vont se présenter dans un ordre différent.

Quelles conditions doivent se rencontrer dans la personne du possesseur ou représenté pour que la possession lui soit conservée, et d'un autre côté comment pourrait-elle se perdre uniquement de son chef ? En ce qui concerne le pouvoir physique sur la chose, il est bien clair que la perte de ce pouvoir dans la personne du représenté possesseur, à l'exclusion du représentant, ne fait pas cesser la possession: *si quis me vi dejecerit, meos non dejecerit, non posse me hoc interdicto (de vi) experiri, quia per eos retineo possessionem qui dejecti non sunt* (loi I, § 45, *de vi*). Quant à l'*animus possidendi*, il en est autrement; et sans considérer l'intention du représentant, nous dirons que le représenté peut fort bien perdre la possession par un simple acte de sa volonté, *animo non possidendi*.

Il doit, en second lieu, exister entre le représentant et le représenté une relation qui est, tantôt un lien d'autorité légale, tantôt une mission librement acceptée.

Remarquons, à propos des esclaves, qu'ils continuent même contre leur gré la possession au profit de leur maître, par exemple, s'ils voulaient lui voler la chose (loi XV, *de poss.*). Une application remarquable de ce principe à la possession d'un gage est signalée dans la loi XL, pr. *de poss.* et dans la loi XXXIII, § 6, *de usurp.; si de eo fundo quem, cum possiderem, pignori tibi dedi, servus tuus te dejiciat, adhuc te possidere ait* (Africanus).

La mission librement acceptée de continuer la possession, comme la mission de l'acquérir, est indépendante de toute forme juridique; *generaliter quisquis omnino nostro nomine sit in possessionem (possessione), veluti procurator, hospes, amicus, nos possidere videmur* (loi IX, *de poss.*). Si le lien représentatif peut se perpétuer par l'intermédiaire de plusieurs personnes, ce n'est pas non plus, nous le savons, une circonstance exclusivement propre à la continuation de la possession; néanmoins elle apparaît plus fréquemment à ce propos que dans le cas d'une première acquisition. Ainsi le dépositaire peut déposer la chose entre les mains d'un tiers, et la possession antérieure ne sera point perdue (loi XXX, § 6, *de poss.*). Ainsi le fermier peut faire une sous-location, cette sous-location fût-elle contraire à la loi du contrat ou constitutive d'un *furtum usus* (loi LIV, § 1, *de furt.*); le maintien de la location n'est pas douteux, si l'on suppose que le fermier n'ait pas voulu s'approprier la possession de la chose en la sous-louant; car l'effet d'une telle volonté rentre dans la troisième question que nous allons examiner. La possession ne cesse pas non plus par la seule rupture du lien juridique entre le représenté

possesseur et le tiers représentant (loi LX, § 1,
locati.).

En troisième lieu, que doit faire le représentant
pour continuer la possession au nom du représenté?
en d'autres termes, comment la possession pourrait·
elle venir à se perdre uniquement de son chef ?
Il faut distinguer deux hypothèses possibles.
Tantôt le représentant veut posséder pour lui·même
ce qu'il détenait pour autrui; c'est la perte au
profit du représentant. Tantôt la possession est
acquise par un tiers, ou même elle se perd sans que
personne l'obtienne; c'est la perte dans le chef du
représentant,

1° La première hypothèse n'est pas la plus difficile. Le représentant qui détient pour autrui n'a
pas l'*animus possidendi*, mais il dispose physi·
quement de la chose comme un possesseur. D'une
part il ne peut donc, sans une nouvelle détermi-
nation de sa volonté, mettre fin à la première possession; en l'absence de cette intention de posséder
pour soi, il ne saurait être question d'une perte de
la possession pour le représenté, même si quelque
autre circonstance empêchait la restitution de la
chose possédée (loi XX, *nost. tit.*). D'autre part,
faut-il dire, d'après les principes généraux, que
l'intervention de l'*animus sibi habendi* suffit pour
transformer le représentant en un véritable pos·
sesseur? Gardons-nous en bien. D'abord la règle

nemo sibi causam possessionis mutare potest y
ferait obstacle ; ensuite rappelons-nous , au
sujet des immeubles, la disposition spéciale qui
en conserve la possession au possesseur, tant qu'il
ne croit pas avoir perdu le pouvoir physique d'en
disposer, *quamdiu possessionem ab alio occupatam
ignoraret* (loi XLVI; loi III, § 7-8; loi VI, § 1,
loi VII, *nost. tit.*). Quant aux meubles, il était
admis que le représentant n'en pouvait arquérir la
possession que par l'effet d'un *furtum* ; or le
furtum exigeait une *contrectatio* ou agissement
matériel sur la chose en vue de la soustraire au
propriétaire (loi I, § 2; loi LXVII, pr. *de furt.*).
L'infidélité du représentant ne fait donc perdre au
représenté la possession des immeubles qu'après
être parvenue à sa connaissance; elle ne lui
fait perdre la possession des meubles qu'à la
condition de renfermer tous les éléments du vol.

2° Passons maintenant à l'hypothèse de la possession simplement perdue dans le chef du représentant, sans qu'il ait voulu s'en emparer. D'abord
elle se perd incontestablement de ce chef, toutes
les fois qu'elle serait également sortie des mains
du possesseur lui même ; ainsi le représentant
égare la chose mobilière qu'il détenait, et ni lui ni
lereprésenté possesseur ne la peut retrouver; ainsi
le fermier vend le fonds loué, l'acheteur l'occupe,
et le bailleur n'ose pas l'en chasser, etc; dans ces

divers cas il est certain que le représenté perd la possession du chef du représentant. Du reste, le plus souvent, le représentant sera lui-même devenu possesseur, et dès lors il est hors de doute qu'il peut aliéner la possession. La question délicate est donc celle-ci: la possession peut-elle se perdre dans le chef du représentant, alors qu'elle n'eût pas été perdue si le représenté l'avait exercée lui-même ?

Or, la détention qu'avait jusques-là le représentant peut cesser de deux manières, contre son gré ou avec son assentiment. Le premier cas n'offre aucune difficulté. En effet, si c'est un acte de violence qui vient expulser le représentant, il est certain que la possession sera perdue, quand même le possesseur n'en aurait pas encore connaissance (loi I, § 22, *de vi*); le fonds, en sa qualité de *vi possessus*, échappe à l'usucapion, et dès lors la perte de la possession ne pourra soulever de graves inconvénients. Au contraire, la possession serait évidemment conservée au représenté si le représentant, sans l'intervention d'une violence étrangère, devenait incapable de l'exercer, par exemple, s'il mourait ou perdait la raison (loi LX, § 1, *locati*; — XXV, § 1, *nost. tit.*). Ceci s'applique aux meubles comme aux immeubles.

Examinons le second cas, le cas où le représentant lui-même se démet de la détention. Nous y ferons encore une subdivision. Il peut arriver que personne n'acquière la détention ; alors quelques jurisconsultes, dit on, considéra'ent la possession comme perdue pour le représenté ; mais l'existence de cette opinion n'est pas facile à prouver, et plusieurs textes, où se rencontre une décision contraire ne signalent à cet égard aucune controverse loi III, § 8; loi XXXXIV, § 2, *nost. tit*;—loi VII, pr. *pro cmpto* ; -- loi XXXI *de dolo*.) Il peut arriver aussi que la détention soit acquise à un tiers. Sur ce point il y avait certainement dissidence parmi les anciens jurisconsultes ; la plupart déclaraient la possession perdue pour le représenté (loi XXXX, § 1 ; loi XXXXIV, § 2, *nost. tit*. ; — loi XXXIII, § 4, *de usurp*.) ; mais Paul était d'un avis nettement opposé, loi III, § 6, 7, 8, 9, *nost. tit*.). En vue de cette dissidence, Justinien a porté une constitution qui consacre l'opinion de Paul (C 12, Cod. *de poss*.) ; elle est applicable aux meubles comme aux immeubles. Seulement, à propos des meubles, les conditions d'application feront presque toujours défaut.

CHAPITRE II

De la représentation naturelle en particulier

En dehors de ces principes spéciaux à la possession, l'acquisition ou la perte des droits par représentant se règlent à Rome comme suit : 1° toute personne soumise à notre puissance, en acquérant un droit, l'acquiert pour nous directement à notre insu, et même malgré nous (*Inst.* § 3, *per quas person. nob. adq.*) ; mais la perte n'a lieu que de notre agrément ; 2° nous ne pouvons acquérir aucun droit par les personnes libres de notre puissance (§ 5, *Inst. Cod.*) ni être directement obligés par elles. C'est bien là notre grande distinction entre la représentation naturelle et la représentation conventionnelle. Le présent chapitre exposera les particularités de la représentation par les personnes *alieni juris.*

Qu'on puisse acquérir des droits par l'intermédiaire de ces représentants naturels, il ne faut point s'en étonner. La famille romaine est une agrégation compacte dans l'ordre religieux, dans l'ordre politique et dans l'ordre privé. A la famille se rattachent les relations de clientèle et de patronage ;

là se conservent le dépôt du culte des aïeux et le prestige des sacrifices traditionnels, *sacra gentis, sacra familiæ* ; là se concentrent la propriété, l'effet des obligations, l'hérédité, la succession. Et ce qui fait la famille, est-ce la nature, est-ce le lien du sang ? Non, c'est la loi, c'est le lien de puissance. Les enfants peuvent y être étrangers, tandis que des étrangers en seront membres. Un seul, le chef, est centre et noyau de la famille et maître du patrimoine ; marié ou non, père ou non, même au sortir du sein de sa mère, le citoyen romain, s'il ne relève d'aucune puissance, aura le nom vénéré de *paterfamilias.* Tous les autres, courbés sous l'une des puissances reconnues par la loi, ne sont pas *sui juris* ; ainsi les esclaves et les enfants, qui vivent sous la *dominica* et la *patria potestas*, les femmes *in manu* assimilées aux enfants, les hommes libres que le *mancipium* rapproche de l'esclavage, tous ceux-là dépendent du chef de famille et sont *alieni juris.* Il y a, dans cette organisation de la famille aux belles époques de Rome, un cachet de grandeur antique et d'austérité patriarcale qui nous éloigne bien des miévreries modernes.

Or le maître seul peut avoir, acquérir, exercer des droits civils.

Dans l'ordre public, au forum, les comices et les magistratures sont ouvertes à l'homme *alieni juris*, s'il est libre et citoyen ; nul doute néanmoins, surtout dans la constitution primitive, « que la personnalité absorbante du chef de famille n'exerçât son influence jusque dans l'ordre politique ; et la preuve incontestable en est dans les comices par centuries où les citoyens étaient classés par hiérarchie de fortune ; or les fils de famille n'avaient rien, absolument rien, si ce n'était leur participation à la copropriété de famille, comme se confondant avec la personne du chef. » (*Ortolan*, *Généralisat.* pag. 19, en note.) Mais dans l'ordre privé, l'absorption était complète. Les individus *alieni juris* voyaient leur personnalité juridique se confondre et disparaître dans la personnalité du souverain domestique. Il sortait de là cette conséquence nécessaire, que le Romain avait des instruments d'acquisition dans tous les individus soumis à sa puissance.

Pour serrer de plus près ce curieux phénomène de législation, suivons-le tour à tour dans les droits réels et dans les droits de créance.

§ I. — *Des droits réels*

Il faut distinguer deux faces dans le rôle que les représentants naturels peuvent ici jouer pour le représenté ; car dans le droit réel qui en fait l'objet il sera tantôt question de l'acquérir, tantôt de l'aliéner.

Comment s'acquièrent les droits réels? — Puisque les membres de la famille civile ou représentants naturels ne font que soutenir le masque juridique du *paterfamilias* ou représenté, nous poseron en principe qu'ils peuvent lui acquérir les droits réels par les modes d'acquérir dont il pourrait user lui-même. Viennent ensuite des restrictions qui, sans altérer le fond de notre règle générale, tiennent simplement à la forme des modes d'acquérir.

En effet, les modes d'acquérir sont *naturels* ou *civils*. Les modes naturels, la *tradition* et l'*usucapion*, ont pour fondement commun la *possession*. Or la possession peut s'acquérir par représentants, même conventionnels; à plus forte raison doit-elle être accessible aux représentants naturels; rien ne les empêche donc d'user au profit du chef de famille des modes d'acquérir qui reposent sur la possession. En prouvant que le maître ou le père possédait utilement par son esclave ou par son enfant, nous avons mis hors de doute le point qui nous occupe à présent et nous n'y insisterons pas davantage.

Quant aux modes civils d'acquérir, une distinction s'impose immédiatement à l'esprit. Il en est, en effet, dont la nature symbolique et les formes sacramentelles présupposent un droit inhérent à la personne même qui s'en sert. Telle est, par exemple, l'*in jure cessio*, procès fictif, semblant de revendication convenu d'avance entre le cédant et le cessionnaire, en sorte que la prétention de ce dernier, non contredite par l'autre partie, est nécessairement admise et confirmée par le magistrat qui *addicit* (Ulp. *Reg.* t. 19, 9). Cette manière d'acquérir, commune d'ailleurs à tous les droits réels, reste hors de la portée des fils de famille et des esclaves. Ni les uns, ni les autres ne peuvent rien avoir en propre, puisque les acquisitions par eux faites profitent directement au *paterfamilias*; en conséquence il leur est toujours impossible de se prétendre propriétaires et d'intenter une revendication réelle ou simulée. (Nous verrons ces intéressantes règles bien changées, dans la suite, par l'introduction des *pécules.*)

Pour les mêmes raisons, l'*adjudicatio*, autre mode particulier d'acquérir la propriété, était interdite aux fils de famille et aux esclaves. On appelle *adjudicatio* la partie de la formule qui confère au juge le pouvoir d'*adjudicare*, c'est-à-dire d'attribuer à l'un des plaideurs la propriété d'une chose qui appartenait à tous les deux en commun, ou même exclusivement à l'adversaire ; on ne la rencontre que dans les trois actions divisoires et elle y imprime des caractères tout particuliers qui en font une classe à part sous le nom d'actions *mixtes* ou *doubles*. Mais elle produit en définitive une qualité de propriétaire qui ne saurait appartenir au fils de famille ni à l'esclave. Cette impossibilité d'acquérir par l'*in jure cessio* et l'*adjudicatio* au moyen des esclaves et des enfants s'exprime ainsi: les personnes *alieni juris* ne peuvent entrer dans la voie des actions *in jus conceptæ*.

Par là nous sommes amené à dire que, pour l'esclave, l'impuissance d'agir *in jus* se présente sous l'aspect d'une incapacité véritable et n'est qu'une face d'une règle générale qui lui interdit, sauf exception, l'accès de l'arène judiciaire. Le fils de famille avait du moins, lui, la ressource des actions *in factum conceptæ* ; car il n'était pas en lui-même incapable des actes de la vie civile, et dans l'*intentio* d'une action rédigée *in factum*, il déguisait sous le masque d'une simple question de fait la prétention au droit, prétention incompatible avec sa qualité de fils de famille.

Mais en laissant de côté ces modes particuliers d'acquérir dont la forme ne se prêtait pas à l'intervention des représentants naturels, nous retrouverons le principe supérieur, que toute personne soumise à notre puissance, si elle fait une acquisition, la fait pour nous, directement, à notre insu, et même malgré nous. Ainsi la mancipation, ce *modus adquirendi* essentiellement romain, n'était p.is refusée aux représentants naturels; on se contentait d'introduire, du moins pour l'esclave, une légère modification dans les paroles solennelles (Gaïus, *Comm.* 3, 167). Ainsi le chef de famille recueillait le bénéfice des legs qui leur étaient adressés, des institutions dont on les gratifiait. Nous touchons ici, par les legs et par les modes généraux d'acquérir, aux droits de créance qui seront spécialement examinés dans la section II du présent chapitre, ainsi que plusieurs autres difficultés de la matière.

Comment s'aliènent les droits réels ? — L'aliénation des droits réels par l'intermédiaire de représentants *alieni juris* se fera d'après les mêmes distinctions.

Par conséquent il nous suffira de rappeler, à propos du transfert de propriété réalisé par un transfert de possession, que le concours de la volonté du représentant y est absolument nécessaire ; car s'il faisait défaut, le représenté ne transmettrait pas la possession, ni partant la propriété. Cette remarque est importante, parce qu'elle a trait à la tradition, si fréquemment usitée.

Parmi les modes civils d'aliénation, il y en a que les représentants *alieni juris* ne pourront pas mettre en jeu ; nous avons dit pourquoi. Mais ces prohibitions particulières sont absorbées dans notre règle générale ; les actes des représentants naturels profitent au chef de famille sans qu'il les ait ordonnés; au contraire, ils ne lui nuisent qu'à cette condition. L'aliénation d'un droit réel par le fils de famille ou par l'esclave ne sera donc valable que de l'agrément du maître ou du père.

§ II. — *Des droits de créance.*

L'acquisition des droits de créance par les représentants naturels relève des mêmes principes. A Rome, une obligation nous est acquise, c'est-à-dire nous devenons créanciers, non-seulement par nous-mêmes, mais encore par nos esclaves, par nos enfants non émancipés, par les esclaves dont nous avons l'usage ou l'usufruit, par l'esclave d'autrui ou même par l'homme libre que nous possédons de bonne foi comme notre esclave. Remarquons néanmoins qu'il ne faut admettre ici ni usufruit ni propriété de la créance même ; ces droits ne s'établissent pas sur l'obligation, mais sur son objet, sur la chose dont elle doit procurer ultérieurement l'acquisition, *quod ex obligatione fuerit adquisitum*, au moyen d'une action qui sera mise en mouvement par le père, *patre actionem movente*.

La théorie romaine est donc que les enfants *alieni juris* et les esclaves sont admis à fonctionner pour obliger des tiers envers le *paterfamilias*, et que toutes les créances par eux acquises, civiles,

prétoriennes ou naturelles, passent à ce *pater*, pour
lequel ils sont ainsi des instruments de profit; il re
cueillerait la créançe, même quand elle serait stipulée contre son gré, *etiam vetante domino* (loi
LXII, Dig. liv. XLV, tit. 1). Cette théorie s'explique
par deux motifs, en ce qui regarde l'esclave: 1° s'il
était possible de supposer qu'il eût voulu agir *ex
persona sua*, l'opération serait radicalement nulle,
puisqu'il n'a d'autre personnalité que celle de son
maître; or, on doit toujours interpréter les actes
juridiques dans le sens qui leur assure de l'efficacité; 2° l'esclave n'ayant aucun patrimoine personnel, tout ce qu'il acquiert appartient forcément
à son maître. De ces deux raisons, il n'y en a qu'une,
la seconde, qui rende compte de la théorie dans
son application au fils de famille ; car il peut agir
ex persona sua; mais comme le patrimoine est un
dans la famille, le fils n'en a pas qui lui soit
propre, si ce n'est par exception ; en conséquence
le produit de ses opérations doit appartenir à
l'unique chef du patrimoine unique, au *paterfamilias.*

Cette différence des rôles que jouent l'esclave et
le fils en matière d'obligations, elle éclate surtout dans l'*adstipulation*. L'*adstipulator*, stipulant
adjoint à un stipulant principal et mandataire de
celui-ci, ne peut stipuler que pour lui-même ; la
créance née de son *adstipulatio* n'est transmissible

à personne, ni à son chef de famille, ni à ses héritiers. L'esclave ne peut donc se faire *adstipulator*,
parce qu'il devrait acquérir la créance pour lui-
même, acquisition dont il est tout à fait incapable.
Le fils de famille, au contraire, peut devenir *adstipulator*, parce qu'il est doué d'une capacité
propre; la créance née de l'*adstipulatio*, intrans-
missible au père, n'entrera pas dans le patrimoine
de la famille et restera attachée à la personne du
fils.

Il importe peu que l'esclave et le fils stipulent
expressément pour le chef de famille, ou pour eux-
mêmes ou pour toute autre personne soumise à
la puissance du même *pater*, ou sans désigner
qui que ce soit, *impersonaliter*. Dans tous les cas
l'obligation est toujours acquise au chef. Cependant
la distinction de ces diverses manières de stipuler
n'est pas sans intérêt, lorsqu'il s'agit d'un fait,
quum factum in stipulatione continebitur. Par
exemple, l'esclave ou le fils stipule pour lui la
faculté de passer, *ut sibi ire agere liceat;* cette
faculté que le promettant s'oblige de laisser à une
personne déterminée se restreint naturellement
au stipulant; le promettant est donc libre d'inter-
dire le passage à tout autre, et au maître même ou
au père du stipulant (fr. 44, Dig. *de cond. et dem.*).
Mais le maître ou le père profite néanmoins de la
stipulation, en ce sens qu'il pourra faire passer

son esclave et son fils, et contraindre par l'action *ex stipulatu* le promettant à remplir son obligation. Cet exemple est tiré des Instituts de Justinien, liv. III. tit. XVII, § 2, où nous voyons le *factum* opposé au *jus* du précédent paragraphe, *cod. tit.*; il ne constitue pas une dérogation au système général de l'acquisition des droits par les représentants naturels. Si l'esclave ou le fils a seul la faculté de passer, à l'exclusion du maître ou du père, c'est que le mode d'exercice du droit s'attache tel quel au droit lui-même ; il n'appartient pas à l'un des contractants de le changer à sa guise ; or l'esclave ou le fils ayant stipulé pour lui-même et non pour un autre la faculté de passer, le maître ou le père ne recueille le droit qu'affecté de ce mode d'exercice. Si le représentant naturel avait stipulé un droit de passage pour le fonds du représenté, celui-ci pourrait alors contraindre le promettant à lui constituer la servitude rurale *iter*; la servitude une fois constituée pourrait être exercée, soit par le maître, soit par tout autre, dans l'intérêt de sa propriété, soit par les tiers détenteurs.

Au sujet des stipulations de l'esclave, il convient d'examiner quelques difficultés qui se rangent sous deux questions : 1° l'esclave a-t-il eu capacité, et par conséquent la stipulation est-elle valable ? 2° à qui le résultat de la stipulation est-il acquis ?

Or il peut arriver : 1° que l'esclave appartienne à un seul maître ; 2° à une hérédité jacente ; 3° à plusieurs maîtres par indivis ; 4° en nue-propriété à l'un, en usufruit ou en usage à l'autre ; 5° qu'il soit esclave d'autrui ou même homme libre possédé de bonne foi comme esclave ; 6° esclave public ; 7° qu'il n'ait pas de maître. Nous aurions pu étudier ces divers problèmes à propos de l'acquisition des droits réels par les esclaves ; mais deux considérations graves nous ont décidé à n'en faire l'examen que sous la rubrique des droits de créances ; la première, c'est que les textes ont suivi cette marche ; la seconde c'est qu'ils ont bien fait de la suivre, vû l'importance supérieure qui s'attache à ces questions de droit en matière d'obligations.

1° Quand l'esclave n'a qu'un seul maître, tout va pour le mieux. Revêtu d'une capacité empruntée à son maître, il lui acquiert le bénéfice de la stipulation dès l'instant même où elle est accomplie. Si donc le maître, pour un motif quelconque, ne peut acquérir ce bénéfice, la stipulation sera sans effet ; par exemple, si l'esclave a stipulé une servitude prédiale, et que le maître n'ait pas de fonds, le droit tombe de lui-même. Et supposons un maître captif à l'ennemi ; la stipulation faite nominativement par l'esclave pour ce maître demeure en suspens ; le captif revient-il ? elle sera valable par l'effet du *postliminium* ; meurt-il en captivité ? elle sera nulle, sans que les héritiers s'en puissent prévaloir; car les paroles ont désigné nominativement le captif, qui était alors incapable et qui est mort dans cet état (Dig. loi XVIII § 2, liv. XLV, tit. III).

Le bénéfice de la stipulation passe au maître du moment où elle a lieu, lors même qu'elle serait conditionnelle, par la raison que l'obligation conditionnelle est transmissible et que la condition accomplie rétroagit au jour du contrat; ce principe est de toute rigueur; il ne fléchirait pas même dans l'hypothèse où l'esclave aurait stipulé, conditionnellement ou à terme, pour une époque postérieure à son aliénation ou à son affranchissement (loi XL, Dig. liv. XLV, tit. III).

2° Après la mort du maître, les esclaves stipulent pour l'hérédité vacante, et par suite pour l'héritier futur qui profite de la stipulation, mais indirectement; car les esclaves héréditaires stipulent du chef de leur maître défunt, comme s'il n'avait pas cessé de vivre. Il est, en effet, de principe que l'hérédité représente généralement la personne du défunt (*Inst.* § 2, *de hered. instit.*). L'école des Proculiens allait même jusqu'à refuser à l'esclave héréditaire la faculté de stipuler nominativement pour l'héritier futur; au moment où la stipulation se fait et doit procurer l'acquisition du droit,

disaient-ils, l'héritier futur n'est pas encore le
maître de l'esclave (loi XVI, Dig. *de stip. serv.*, —
loi XXVII, § 10, *de pact.*). L'école contraire des Sabiniens partait de prémisses différentes ; dans leur
système, l'héritier, à quelque époque qu'il fît
adition, était censé avoir succédé au *de cujus* dès
l'instant même de la mort ; cette rétroactivité rendait utiles toutes stipulations faites par l'esclave
héréditaire pour l'héritier futur (fr. 28, § 4 ; loi
XXXV, Dig. *de stip. serv.*). L'opinion des Proculiens,
soutenue par Papinien, Faul, Proculus, paraît
avoir prévalu. Il se présentait certainement des
hypothèses où l'hérédité, personne morale, ne
pouvait suffire à la constitution du droit ; par
exemple, l'esclave héréditaire, valablement institué
par un étranger, restait incapable d'*adire heredi-
tatem*, tant que son maître défunt n'avait pas lui-
même un héritier, par l'ordre duquel il accepterait
la succession à lui déférée. De même l'esclave ne
stipulerait pas efficacement, même sous condition,
un droit d'usufruit ou d'usage pour l'hérédité
jacente (fr. 61, pr. et § 1, *de adq. rer. dom.*). Un
pareil droit, au contraire, serait utilement légué à
l'esclave héréditaire, parce que le bénéfice de ce
droit n'est pas immédiatement fixé et acquis à
l'hérédité ; il suffira qu'au moment de cette fixation,
c'est à dire à l'époque où le *dies cedit*, le droit
rencontre une personne physique sur laquelle il

puisse s'arrêter (loi XXVI, Dig. liv. XLV, t. III).

3° Lorsque l'esclave appartient à plusieurs maîtres par indivis, les créances qu'il acquiert se répartissent entre eux proportionnellement à la part indivise de chacun dans la propriété de l'esclave. On exceptait de cette règle le cas où l'esclave avait contracté nommément pour un de ses maîtres. Mais en stipulant, sans indication personnelle et nominative, pour celui de ses maîtres qui lui en avait donné l'ordre, l'esclave lui procurait-il toute l'acquisition? Les Sabiniens disaient oui, les Proculiens disaient non ; Justinien trancha la controverse en faveur des Sabiniens (*Const.* 8, § 3, C. *de bon. que lib*; — *Inst.* pr. *per quas pers. nob. obl. adq.*). Enfin, si l'un des maîtres se trouve hors d'état d'acquérir, par exemple, s'il est déjà propriétaire de la chose, ou s'il n'a pas de fonds qui puisse profiter d'une servitude stipulée par l'esclave commun, le droit se divise entre les autres co-propriétaires (*Inst.* § 3, *de stip. serv.*).

4° On appelait *servus publicus* l'esclave qui appartenait à la république, à un municipe, à une colonie. Ulpien nous enseigne que le bénéfice de stipulations faites par un tel esclave allait à la corporation (Dig. loi III, liv. XLV, C. 3). Mais il était l'esclave de la personne morale, de l'être fictif, de l'*universitas*, non pas de chacun des membres qui la composaient; il n'acquérait donc rien indivi-

duellement à ces parties du tout, même en stipulant pour l'un d'eux nommément ou par son ordre;
on le voit, grande est la différence entre la propriété de plusieurs maîtres par indivis sur l'esclave
commun et le droit collectif de la corporation sur
le *servus publicus*. Mentionnons néanmoins une
curieuse exception. Il arrivait qu'un pupille
infans fût dans la nécessité de stipuler; y procéder
lui-même, il ne le pouvait, puisque *fari non
poterat*; y procéder par son tuteur, il ne le pouvait pas davantage, puisque le tuteur n'avait dans
le droit classique d'autre mission que de compléter
la personne de son pupille, et non de le suppléer
tout à fait. Dans cet embarras, si le pupille avait
un esclave, on faisait stipuler cet esclave. S'il n'en
avait pas, on faisait stipuler en son nom un
esclave public, par dérogation à la règle que le
servus publicus ne fonctionnait pas dans l'intérêt
individuel d'un membre de l'*universitas*. C'est ce
qu'on voyait le plus souvent dans l'abrogation d'un
impubère et pour les satisdations à donner par les
tuteurs. Seulement cette stipulation n'engendrait
pas au profit du pupille une action directe, mais
une action utile.

5° Quant à l'esclave qui n'a pas de maître, que
son maître a abandonné, *quem pro derelicto habuit,
omni modo a se rejecit*, il ne peut pas stipuler,
puisqu'il ne peut emprunter la capacité de personne.

6° Ce que nous avons déjà dit sur l'acquisition de la possession soit par l'esclave d'autrui, dont nous sommes usufruitiers, soit par toute autre personne, libre ou esclave, que nous possédons de bonne foi, il faut le sous-entendre ici pour l'acquisition des droits de créance. Ils ne seront donc acquis à l'usufruitier ou au possesseur, qu'à la condition de prendre leur source dans une des catégories de faits suivantes, *ex re possessoris* ou *ex operis servi.* Ces décisions se trouvent aux Institutes, tit. *per quas pers. nob. adq.*

Les représentants naturels obligent-ils le représenté? — Le maître et le père deviennent donc créanciers de tout ce qui est dû à leur esclave et à leur fils; mais deviennent-ils également débiteurs de ce que doivent les personnes soumises à leur puissance?

Dans la constitution de la famille romaine, dans la rigueur du droit civil, les individus *alieni juris* sont pour le *paterfamilias* une source d'avantages, jamais une cause d'appauvrissement; par conséquent le chef n'est pas tenu de leurs dettes. Cependant ce principe reçoit des restrictions.

1° Quant aux obligations nées du délit de l'enfant ou de l'esclave, des considérations d'utilité publique avaient fait admettre, dès les temps les plus reculés, que la partie lésée aurait le droit d'agir contre le chef de famille; mais il pouvait se dérober à cette poursuite en abandonnant l'auteur du délit, *noxam dedendo.* Ce n'était là qu'une application d'une idée plus générale; dans l'opinion des anciens Romains, le propriétaire ne devait pas éprouver, par le fait ou à l'occasion de ce qui lui appartenait, un dommage supérieur à la valeur de cette chose elle-même. L'abandon noxal s'appliquait donc indifféremment aux personnes, aux animaux et aux objets inanimés.

2. Cette doctrine était étrangère aux obligations contractuelles du fils et de l'esclave. L'engagement de l'esclave se trouvait dénué de toute vigueur, parce qu'à défaut du maître on ne rencontrait pas dans l'esclave un sujet capable d'obligation. L'engagement du fils était très-valable au contraire; mais les voies d'exécution faisaient défaut, du moins *patre vivente*; car le fils n'avait rien en propre dans l'ancien droit civil, et l'on ne pouvait poursuivre sa personne, qui appartenait au père.

En droit et en fait, une grande partie de la population était donc éliminée des relations d'affaires. Le préteur introduisit une innovation remarquable dans la loi romaine, en accordant, sous des conditions déterminées, à ceux qui avaient traité avec les esclaves ou les fils, la faculté d'agir contre le chef de famille, tantôt pour le tout et tantôt pour partie.

Nous entrons ici dans le domaine des actions connues sous les noms de *quod jussu, exercitoria, institoria, tributoria, de in rem verso, de peculio.* Bien que chacune d'elles semble avoir une existence propre dans les textes, il ne faut pas se laisser prendre à cette apparence; on ne doit y voir, en réalité, que les actions ordinaires du droit civil ou du droit prétorien, intentées d'après des règles particulières, renfermées en des limites distinctes et moulées sur des besoins spéciaux. De là vient qu'on les enveloppe toutes dans la commune dénomination de *actiones adjectitiæ qualitatis.*

Comment s'exerçaient les actions ainsi modifiées? Le préteur suivait des règles différentes, selon que les obligations avaient été contractées : 1° par ordre du chef de famille; 2° sans ordre, mais à sa connaissance; 3° sans ordre, à l'insu du chef de famille; dans cette dernière hypothèse on examinait, en outre, si le chef avait profité de l'acte fait par le fils ou l'esclave.

Quand il y avait ordre de s'obliger donné par le père ou le maître, l'ordre pouvait être spécial, et l'action se donnait alors *quod jussu*; il importait peu que le chef de famille eût autorisé d'avance l'engagement, ou qu'il l'eût ratifié ensuite (*Inst.* § 1, *quod cum eo cont*; Dig. loi XII, § 1, *rat. rem. hab.*). L'ordre pouvait être compris implicitement dans une mission générale; l'action prenait alors le nom *d'exercitoria*, lorsqu'elle se donnait contre un armateur, *exercitor navis*, à raison des engagements que son fils ou son esclave préposé au navire, *magister navis*, avait contractés pour remplir cette mission (*Inst. eod.*); l'action prenait le nom *d'institoria*, quand elle se donnait contre le *paterfamilias* qui avait préposé son fils ou son esclave à un négoce quelconque, pour tous les engagements relatifs à ce négoce (Inst. *eod.*). Ce sont les actions exercitoire et institoire que nous verrons s'étendre, en faveur de la navigation et du commerce, au cas où le préposé n'est pas sous la puissance du préposant, exception bien intéressante qui finira par se généraliser. Poursuivi par l'une des trois voies *quod jussu, exercitoria, institoria*, le chef de famille était tenu de toute la dette, *in solidum*; car le tiers, qui avait contracté avec un esclave ou un fils de famille sur l'ordre explicite ou implicite du maître ou du père, était censé avoir traité avec ce dernier lui-même (loi I, § 2, Dig. liv. XIV, t. I; loi XI, § 2, D. liv. XIV, tit. III; loi VII, § 2; 14, 6). Puisque la *condemnatio* devait rester *in solidum*, nous pensons (avec M. Bonjean, *Des actions*, tom. II, pag. 287. not.) que les clauses *quod jussu*, *exercitoria* et *institoria* trouvaient place dans la *demonstratio* ou dans *l'intentio* de la formule, par exemple: *quod jussu N. Negidii, A Augerius vendiderit, qua de re agitur, quidquid paret*, etc. L'action exercitoire était d'ailleurs plus souple que l'action institoire; en raison des chances et des besoins imprévus de la navigation, elle embrassait les obligations contractées par la personne que le fils ou l'esclave *magister navis* s'était substituée, même à l'insu ou malgré la défense de *l'exercitor*. Le nom de l'action exercitoire venait du préposant, tandis que le nom de l'action institoire venait du préposé.

Quand le fils de famille ou l'esclave contractait une obligation sans l'ordre explicite ni implicite du père ou du maître, celui-ci n'en était point tenu pour le tout, mais seulement jusqu'à concurrence de certaines valeurs qu'on devait déterminer. Cette question nous ouvre incidemment accès sur une matière importante qui touche par quelques points à notre sujet; nous voulons parler des *pécules*. Nous n'avons pas l'intention d'en faire une étude approfondie. S'il nous fallait étudier par le détail chacune des théories que nous rencontrons sur notre route, le travail serait trop grand pour nos forces. Il nous suffira d'examiner le côté des *pécules* qui regarde notre système de la représentation.

Le *paterfamilias* confiait quelquefois, soit à son fils, soit à l'esclave, l'administration de certains biens qu'il séparait du patrimoine général. Ce patrimoine particulier, *peculiare*, prit le nom de *pécule*. Le père en conservait évidemment la propriété; et quand bon lui semblait, il pouvait en retirer l'administration à son fils ou à son esclave. Mais dans la suite, s'introduisirent d'autres pécules qui furent propres au fils de famille; l'esclave n'y prit aucune part.

En effet, sous Auguste, Néron et Trajan, toutes les acquisitions faites par les fils de famille à l'occasion du service militaire, comme leur solde, le butin, et ce qui leur avait été donné par leurs amis ou parents au moment de leur départ pour une expédition, constituèrent un patrimoine particulier, à l'égard duquel on les considéra comme chefs de famille (Loi XI, D. liv. XLIX, t. VII; C. 1, Cod. 12, t. XXXVII; C. 4, Cod. liv. III, t. XXXVI); ils purent donc en disposer entre-vifs, à titre gratuit ou à titre onéreux, et par disposition de dernière volonté. Ce patrimoine s'appela *péculium castrense*. L'analogie conduisit à revêtir des mêmes règles, tout ce que les fils de famille, officiers du palais, avaient gagné dans leurs fonctions, par économie ou dons de l'empereur (Cod. liv. XII, t. XXXI); ce fut le *peculium quasi-castrense*, déjà connu du temps d'Ulpien, développé par Constantin, et successivement accru sous d'autres princes. Ainsi Théodose et Valentinien y comprirent les bénéfices des avocats du prétoire et des autres fonctionnaires prétoriens; il en advint de même, sous Honorius et Théodose, des bénéfices des assesseurs et avocats de toutes les juridictions; sous Léon et Anthémius, des gains réalisés par les évêques, les chefs de presbytères et les diacres orthodoxes; et finalement, sous Justinien, de toute libéralité impériale. A l'égard du pécule castrens et du quasi-castrens, les fils de famille étaient maîtres. — Il y avait enfin une autre espèce de pécule, le *peculium adventitium*, qui se distinguait en *régulier* et en *irrégulier*. On appelait *pécule adventice régulier*, l'ensemble des acquisitions faites par le fils de toute autre source que du patrimoine paternel, et qui ne rentraient ni dans le pécule castrens, ni dans le quasi-castrens (C. 1, Cod. liv. VI, t. LX); institué par Constantin, il ne comprenait à l'origine que les biens maternels; depuis Arcadius et Honorius, il embrassait aussi tout ce qui advenait au fils par succession ou par donation des ascendants ou descendants de la ligne maternelle; Justinien lui donna l'étendue indiquée dans notre définition. Ce pécule était la propriété des enfants, mais le chef de famille en avait l'usufruit; son droit ne cessait qu'avec sa puissance paternelle, et tant que durait cette puissance, les enfants ne pouvaient aucunement disposer du pécule. La crainte de perdre la jouissance du pécule adventice aurait détourné le père d'émanciper ses enfants; aussi des constitutions impériales lui assurèrent-elles en pleine propriété le tiers des biens y compris, en échange de l'émancipation. Mais ce tiers, devenu portion intégrante de son patrimoine, appartenait dès lors, par égales portions, à tous ses enfants; l'émancipé, que le droit prétorien admettait à la succession, voyait ses frères et sœurs profiter d'une partie du pécule, qui lui avait peut-être coûté bien des labeurs. Pour échapper à ce résultat, Justinien transforma la propriété du tiers en l'usufruit de la moitié. Quant au *pécule adventice irrégulier*, c'était l'ensemble des biens adventices dont la jouissance n'appartenait pas au père de famille; par exemple, l'hérédité acceptée par le fils malgré son père (Loi VIII, pr. et § 1, Cod. liv 6, tit. 61); une donation adressée au fils sous la condition expresse que le père n'en aurait pas l'usufruit; la part d'une succession *ab intestato* partagée entre le fils et le père (Nov. 118, c. 2); l'acquisition faite par un enfant, du bien de sa mère, pour cause de divorce *bona gratia* (Nov. 131, c. 11). Un trait commun aux deux pécules adventices, régulier et irrégulier, c'est que le fils ne pouvait pas en disposer comme d'un pécule castrens ou quasi-castrens.

Telle est, embrassée d'un coup-d'œil d'ensemble, la théorie des pécu'es en droit romain. Par quel point se trouve-t-elle en contact avec notre matière de la représentation? Puisque le fils de famille a la propriété des pécules castrens, quasi-castrens et adventice, c'est en définitive à lui-même que profitent ou nuisent tous les actes par lui réalisés à l'occasion de ces pécules; il n'est donc pas à cette occasion le représentant de son père, et nous nous dispenserons par conséquent, d'insister davantage sur ce sujet.

Mais le pécule profectice appartient au père, qui en a seulement confié l'administration à son fils ou à son esclave. En accroissant ce pécule, ils acquiè-rent pour le chef de famille; peuvent-ils aussi l'obliger en s'obligeant à propos du pécule? C'est ici que nous reprenons l'étude des actions *adjectitiæ qualita-tis*. Quand le représentant naturel s'obligeait en vertu d'un ordre explicite ou implicite du chef de famille, celui-ci, nous le savons, était tenu de la dette *in solidum* et poursuivi par les actions *quod jussu, exer-citoire* ou *institoire.*

Supposons maintenant que le chef n'a ordonné ni ratifié l'engagement; il faudra rechercher s'il l'a connu du moins, ou s'il n'en a pas eu connaissance. La première hypothèse se présente, quand l'esclave, au su du maître, fait un commerce pour son propre compte avec tout ou partie de son pécule. La portion de pécule ou le pécule affecté au commerce est grevé du payement de ce que l'esclave doit à des étrangers par suite de son commerce, ou à son maître pour une cause quelconque. Qui répartira l'actif entre le maître et les divers créanciers? Ce soin est confié au maître lui-même, et la répartition, en cas d'insuffi-sance, s'opère au prorata des créances; le maître ne jouit d'aucun privilége. Or si l'un des créanciers se prétend lésé par cette distribution, il peut réclamer au maître ce qui lui manque par une action dite *tri-butoire;* mais le maître ne répond que de son dol

(Inst. § 3, quod cum eo contract; — loi V-VII, dig. de tribut. act.)

Dans la seconde hypothèse, quand le maître n'a connu l'engagement en aucune façon, ou quand l'engagement a été contracté malgré le maître, les créanciers ne peuvent le poursuivre que jusqu'à concurrence du pécule et de ce qui a tourné à son profit, *de peculio* et *de in rem verso*. Ces deux clauses tiennent à une seule et même formule, dont la *condemnatio*, pour déterminer le maximum de la sentence qui pourra frapper le chef de famille, a égard à deux valeurs différentes. Ainsi le juge, d'après Gaïus (*Comm.* 4, § 73), devra d'abord reconnaître l'existence de l'obligation ; puis il déterminera le profit que le chef de famille aura retiré de l'affaire faite par l'esclave ou le fils ; si ce profit n'est pas égal à l'obligation, le juge devra pour le surplus examiner la quotité du pécule ; et la condamnation portée contre le chef de famille pourra atteindre, mais non dépasser, la valeur de ce qui a tourné à son profit, *de in rem verso*, ajoutée à la valeur du pécule, *de peculio*. La doctrine de Paul et d'Ulpien était plus simple ; suivant eux, ce dont le maître a profité constitue une dette du maître envers l'esclave, et cette dette grossit d'autant le pécule; par suite, en agissant seulement *de peculio*, on agit du même coup et virtuellement *de in rem verso*, (loi III, § 1, loi XIX, *de in rem verso*). Ces

deux manières de voir conduisaient au même résultat pratique. Au reste, dans tous les cas où il
ne pouvait exister de pécule, par exemple, si
l'esclave était mort, s'il avait été affranchi ou s'il
était passé sous une autre puissance, si le fils était
mort, émancipé ou donné en adoption, le créancier (après l'expiration de l'*annus utilis* qu'on lui
laissait pour agir encore *de peculio*, Dig. *quand. de
pec. act. ann.)* devait agir et agissait spécialement
de in rem verso (loi I, p. 1; loi XIX, *de in rem
verso.*). De même, entre plusieurs créanciers agissant *de peculio*, celui dont les valeurs avaient
profité au chef de famille prenait la voie *de in rem
verso*, afin d'éviter le concours des autres créanciers sur ces valeurs.

Quiconque pouvait intenter l'action tributoire
avait, *à fortiori*, le droit d'agir *de peculio*. La su-
périorité de l'un de ces moyens sur l'autre dépen-
dait des circonstances; l'action *de peculio* atteignait
tout le pécule, mais le maître ainsi poursuivi pré-
levait ce qui lui était dû ; au contraire, l'action
tributoire n'atteignait que la portion du pécule
consacrée au commerce, mais le maître n'y jouissait
d'aucun privilége sur les autres créanciers.

A la différence des trois premières actions
*adjectitiæ qualitatis, quod jussu, exercitoria, insti-
toria*, les trois dernières, *tributoria, de peculio, de
in rem verso*, ne s'intentaient pas contre le maître

in solidum, mais seulement jusqu'à certaines bornes. Nous concluons de là que ces trois dernières clauses, au lieu d'être insérées dans la *demonstratio* ou *l'intentio* de la formulo comme les trois premières, avaient leur place dans la *condemnatio : Si paret... N. Negidium A. Agerio de in rem verso condemna...*

§ III. — *Comment se forme et se dissout la représentation naturelle ?*

La représentation naturelle, dont nous venons d'étudier les effets, n'est autre chose que le lien de puissance. Dès lors, et sous peine d'élargir notre travail à l'infini, il nous est interdit de rechercher comment elle se constitue et s'évanouit. Une pareille recherche n'embrasserait rien moins que l'examen complet des institutions de famille à Rome. A propos du fils de famille, il nous faudrait envisager les justes noces, l'adoption, la légitimation d'une part, et d'autre part cette vaste matière de l'émancipation ; à propos de l'esclave, nous aurions à considérer les origines multiples de l'esclavage, et les formes diverses de l'affranchissement. Ajoutez à cet immense programme les questions délicates que fait naître la *manus* du mari sur la femme ; ajoutez-y les mystères du *mancipium,* et vous serez bientôt persuadés que notre cusiosité s'étendrait de proche en proche à tout le droit des personnes. Or ce n'est par là notre plan.

CHAPITRE III.

De la représentation conventionnelle en particulier.

L'histoire de la représentation conventionnelle à Rome, c'est l'histoire du *mandat.* Nous allons donner un aperçu rapide et succint de ce contrat, que nous connaîtrons de mieux en mieux à mesure que nous le poursuivrons dans la législation moderne.

D'où vient le mot *mandatum ?* Les anciens considéraient la main comme le symbole et le gage de la fidélité; Virgile dit *fallere dextras,* c'est-à-dire *fidem* ; et nous lisons dans Térence *per dexteram, per fidem* (Andr. *act.* I, sc. 5). Quand une personne voulait s'engager à une autre, elle lui donnait sa main. Cette pantomine touchante subsistait encore au temps de Plaute; Tyndare, qui vient de confier un message à Philocrate, lui dit en lui serrant la main (*Captivi,* act. 2, sc. 3, v. 82) :

« Hæc per dexteram tuam; te dextera retinens manu,
« Obsecro infidelior mihi ne fias, quam ego sum tibi! »

Et Philocrate répond :
« . . . . Mandavisti satis !
« Satis habes. mandata quæ sunt, facta si refero. »

Il n'est pas étonnant que de la jonction des mains qui manifestait une mission reçue, on ait tiré le nom du mandat primitif (*manu datum*).

Le mandat, à Rome, est un contrat par lequel une personne appelée *mandatarius* s'engage envers une autre personne appelée *mandator* ou *mandans*, à exécuter gratuitement un ou plusieurs faits licites qui aient un intérêt au moins indirect pour le mandant.

§ I. — *Éléments et formation du mandat*

Nous distinguerons quatre éléments essentiels dans le mandat : 1° consentement des parties ; 2° fait licite à exécuter ; 3° intérêt pour le mandant ; 4° gratuité.

I. — *Le consentement des parties* doit porter sur la nature même du contrat et sur les différents éléments que nous venons d'indiquer. Il est *exprès* ou *tacite* (loi VI, *mandati*). Toutes personnes capables de contracter, même les pérégrins, peuvent consentir valablement au mandat, qui est du droit des gens. Le consentement n'intervient parfois que *ex post facto* (loi LX *de Reg. juris*).

II. — Il est bien entendu que la mission donnée

au mandataire doit être d'un fait naturellement et légalement possible.

Serait naturellement impossible tout fait contraire à la nature des choses, par exemple, *cœlum digito tangere*, ou tout fait déjà accompli (loi VI, §. 3; loi XXII, *mand*).

Serait légalement impossible tout fait contraire aux lois ou aux bonnes mœurs (§. 7, *h. tit. Inst*). A cet égard, il en est du mandat comme de la société et de tout autre contrat formé dans un but illicite, entre autres, dans le but de commettre ou de pousser à commettre un délit quelconque. Il ne produit alors aucune obligation entre les parties (loi XXXV, § 2, *de contrah. empt.*); et si le délit commis par le mandataire en exécution du mandat l'expose à des condamnations pénales, il n'a rien à réclamer du mandat (§. 7, *in fine, h. tit. Inst.*

L'impossibilité légale peut n'être que relative à l'un des contractants; par exemple on ne donnerait pas efficacement mission à quelqu'un d'acheter sa propre chose.

III. — Il faut que l'objet du mandat présente un intérêt au moins indirect pour le mandant, parce qu'il n'y a pas d'action où il n'y a pas d'intérêt (fr. 32, *local. Cond.*).

Or le mandat est donné pour l'avantage de personnes qui varient avec les hypothèses. Justinien (pr. et § 1-6 *h. tit. Inst.*) établit d'après Gaïus (*fr. 2, mand.*) une division sextuple qui n'offre aucune difficulté. — Les exemples des Institutes font assez connaître les mandats contractés pour l'avantage, soit du mandant seul, *veluti si quis tibi mandet ut negotia ejus gereres, vel ut fundum ei emeres, vel ut pro eo sponderes* (§ 1), soit du mandant et d'un tiers , *veluti si de communibus suis et Titii negotii gerendis tibi mandet* (§ 4, *Inst.*).

Quant au mandat contracté pour l'avantage du mandant et du mandataire, il en est traité dans le § 2 *h. tit.*, que ses exemples rendent plus important. Trois hypothèses y sont prévues. La première est toute simple; le mandataire accepte mission de faire un prêt à intérêt qui doit être employé pour les biens du mandant.— Le deuxième cas est moins clair; vous, créancier, vous êtes sur le point d'attaquer le fidéjusseur; en vertu de la faculté qui vous appartient de poursuivre à votre choix le débiteur principal ou le fidéjusseur; celui-ci vous donne mandat, à ses risques et périls, d'agir de préférence contre le débiteur principal; l'intérêt du fidéjusseur mandant est manifeste; puisqu'il se dérobe, du moins pour un temps, à la nécessité de payer la dette qu'il a cautionnée. Pour le créancier mandataire, nous savons que l'action intentée contre le débiteur principal ou contre le fidéjusseur ne permettait pas de revenir contre l'autre (Paul, *Sent.* liv. 2, t. XVII p. 16; loi XIII, *de fidej.*); par conséquent, en poursuivant le débiteur principal à titre de mandataire du fidéjusseur, il s'interdit bien toute poursuite postérieure contre le fidéjusseur en vertu de la créance originelle, mais il se réserve une *actio mandati;* il a donc deux actions, au lieu d'une seule qu'il aurait eue sans le mandat. Ce texte n'est d'ailleurs d'une facile intelligence que dans les principes du droit classique; au temps de Justinien, le bénéfice de discussion (C. XXVIII, Cod. *de fidej.*) en a fait disparaître à peu près l'utilité. — Une troisième hypothèse suppose qu'un débiteur, pour se libérer par novation, donne mandat au créancier de stipuler la même prestation d'un de ses propres débiteurs qu'il lui délègue. Le contrat est dans l'intérêt du mandant délégant, puisqu'il lui procure sa libération, et du mandataire délégataire, puisqu'en vertu de ce mandat donné aux risques et périls du mandant, deux actions lui compèteront au lieu d'une. La délégation ne se fait pas ordinairement aux risques et périls du délégant; mais cette clause est supposée dans notre hypothèse (loi XXII, § 2; loi XLV, § 7, *mand.*).

Lorsque le mandat est contracté *aliena tantum gratia* (§ 3, *Inst. hic*), il est *ab initio* sans effet (loi VIII, § 6, *mand.*), parce que le mandant dépourvu d'intérêt, est pour cette cause dépourvu d'action. Mais l'intérêt apparaîtra *ex post facto* dans trois circonstances: 1° si le mandataire fait des frais pour l'exécution du contrat, il a droit à l'*actio contraria* et partant l'*actio directa* naîtra pour le mandant (pr. 6, *mand.*); 2° en chargeant une personne des affaires d'une autre, je deviens responsable envers cette dernière de la gestion entreprise par mes ordres (loi XXVIII, *de negot. gest.*); 3° si je suis déjà mandataire de Titius, je répondrai du mandat que j'aurai donné *Titii gratia*, parce que ce sera un acte de ma gestion (fr. 8, § 3, *mand.*).

Le mandat contracté dans l'intérêt du mandataire et d'un tiers n'offre aucune difficulté, *veluti, si tibi mandet ut Titio sub usuris crederes* (§ 5 *Inst.*) Ce contrat n'est pas valable *ab initio*, mais il le deviendra dès que le tiers pourra s'en prendre au mandant.

Enfin le § 6. h. *tit. Inst.* s'occupe du mandat donné dans l'intérêt du mandataire seul et le rapproche du simple *conseil.* Le mandat renferme néanmoins une invitation plus énergique; en outre il suppose un concours de volontés. Le conseil, qui n'est qu'un avis exprimé de faire tel ou tel acte, engendre une action : 1° lorsqu'il renferme un dol; 2° lorsqu'il est accompagné d'une clause qui engage l'auteur du conseil. De même le mandat *mandatarii tantum gratia* oblige le mandant, lorsque le mandataire n'aurait pas agi sans l'intervention précise du mandant, qui l'a déterminé par une invitation spéciale à un acte, à une personne; un exemple important de ce genre de mandat est le *mandatum pecuniæ credendæ* (notre *mandat qualifié*).

IV. — La *gratuité* est de l'essence du mandat, non pas seulement de sa nature; les InstItutes (*hic* § 13) contiennent un principe formel à cet égard. Il est d'ailleurs bien entendu que si le mandataire fait des frais, des avances ou des pertes en exécutant le mandat, il a droit à rentrer dans ses déboursés.

Le mandat, gratuit comme le dépôt et le commodat, se change comme eux en un louage, quand les services du mandataire sont ou doivent être rétribués par un salaire (Inst. cod.). Cette doctrine est appliquée par tout le monde, sans contestation, aux services susceptibles d'être appréciés et payés, comme le travail des ouvriers que notre texte aux Instltutes prend pour exemple. Mais les jurisconsultes ne s'accordent plus, au sujet des cas où l'on prête son ministère à une personne, en faisant pour elle des choses pécuniairement inappréciables de leur nature. Ainsi l'on se demande si l'intervention de la promesse d'honoraires dans les professions libérales, empêche le mandat. En d'autres termes y a-t-il chez les Romains un mandat salarié ? MM. Ortolan et Ducaurroy professent l'affirmation avec Cujas et Pothier; il y a, disent-ils, des services qui ne peuvent devenir l'objet d'un louage et dont l'exécution, lors même qu'elle n'est pas entièrement gratuite, conserve toujours le caractère d'un bon office qui ne se paie pas, quoi qu'il devienne quelquefois l'objet d'une reconnaissance rémunératoire (loi I, *si mens fals. mod.*; — loi V, § 2 et 4, *de prescript. verb.*). C'est à ce titre que les avocats, les médecins, etc. reçoivent des honoraires (fr. 1 *de extr. cognit.*), qui peuvent aussi appartenir au mandataire, lorsqu'ils ont été fixés par une convention expresse (fr. 6, fr. 56, *mand.*). Malgré l'autorité de ces savants auteurs, nous persistons à penser qu'il n'y a pas de mandat salarié chez les Romains; c'est la seule façon légitime d'entendre la règle que le mandat est gratuit par essence (loi I, *de Reg. jur.*) Nous nous fondons sur les termes généraux des Instituts (§ 13), renouvelés de Gaïus (Comm. 3, § 163). La profession des *agrimensores*, si hautement estimée à Rome, engendrait pour le paiement de l'*honorarium* une action *in factum*, non pas une action *mandati* (loi I, pr. Dig. liv. 11, t. VI). Les lois invoquées par nos adversaires peuvent recevoir la même interprétation, car elles ne disent pas qu'on doit réclamer par l'action de mandat les salaires dont elles s'occupent, et tout nous porte à penser qu'on les poursuivait par l'action *in factum* ou par une *Cognitio apud prætorem* (C. 1, Cod, liv. IV, t. XXXV).

Modalités du mandat. — Le mandat qui est un contrat éminemment consensuel, admet toutes sortes de modalités. Il est pur et simple, conditionnel ou à terme.

Cependant au temps du droit classique, le mandat qui ne devait s'exécuter qu'après la mort de l'un des contractants n'était pas valable, parce qu'en général les héritiers ne pouvaient ni poursuivre ni être poursuivis par une action qui n'avait pu être exercée ni par le défunt, ni contre lui (Gaius, *Comm.* 3, § 158). A cette règle il y avait quelques exceptions ; ainsi je peux charger une personne d'affranchir après ma mort un esclave dont je lui donne actuellement la propriété, de m'élever un tombeau ou de faire une acquisition pour mes héritiers *post mortem meam*; la raison en est sans doute que, dans ces différents cas, je peux de mon vivant agir contre le mandataire pour reprendre l'esclave, ou me voir poursuivi par le mandataire, s'il a fait quelque dépense pour se préparer à l'exécution du mandat (loi XII, § 17;— lois XIII, XXVII, *mand.*) (loi CVIII, *de solut.*). De semblables exemples ne forment pas véritablement exception à la règle (*Ducaurroy, hic;* en not.). Elle avait disparu d'ailleurs à l'époque de Justinien, et avec elle la nécessité de l'*adstipulator.*

§ II. — *Effets du mandat.*

Les effets du mandat sont à considérer dans les rapports des contractants entre eux et dans les rapports des contractants envers les tiers. L'étude minutieuse que nous aurons à faire de ces diverses conséquences en droit français nous dispensera de trop longs détails en droit romain ; car les deux législations se ressemblent fort, au moins en ce qui regarde les engagements respectifs du mandant et du mandataire.

Rapports des contractants entre eux. — Le mandat est un contrat synallagmatique imparfait ; en d'autres termes, l'une des parties est seule obligée *ab initio,* tandis que l'autre ne le deviendra que *ex post facto.*

I. — La partie obligée *ab initio,* c'est le mandataire. Il doit exécuter le mandat, répondre de son dol et de sa faute, rendre compte.

Le mandataire doit exécuter le mandat ; *mandatum non suscipere cuilibet liberum est, susceptum autem consummandum est* (*Inst.* § 11). S'il ne l'exécute pas, il doit réparer le tort que l'inexécution cause au mandant (fr. 22, § 11 ; fr. 27,

§ 2, *mand.*). Cependant on lui permet de se soustraire à l'exécution pour de justes motifs, comme une maladie, une *inimicitia capitalis* survenue entre lui et le mandant (fr. 23, 25, *mand.*), ou l'insolvabilité de ce dernier (Paul, *Sent.* lib. 2, C. 15, § 11; id. loi XXIV *mand.*). En effet, le mandataire rend un service gratuit, mais sa bienveillance ne peut aller jusqu'à sacrifier ses intérêts aux intérêts d'autrui (fr. 61, § 5, *de furt.*). Il lui est permis aussi de renoncer au mandat, pourvu qu'il le fasse en temps utile, c'est-à-dire assez tôt *ut per semetipsum aut per alium eamdem rem mandator exequatur* (*Inst.* § 11); s'il avertit trop tard, *intempestive*, c'est comme s'il n'avertissait pas; et il reste lié par son acceptation.

Le mandataire est tenu de son dol et de sa faute. En considération du respect tout particulier que les Romains portaient au mandat, la condamnation du mandataire pour dol lui imprimait une note d'infamie. Quant à sa faute, comment l'appréciait-on? Il répondait bien évidemment de la *culpa lata*; pour le reste, la fameuse loi d'Ulpien (fr. 23, de Reg. jur.) assimile la responsabilité du mandataire à celle du *negotiorum gestor* et les grève tous deux de la *culpa levis in concreto*.

Le mandataire doit rendre compte au mandant de ses opérations. Rendre compte, c'est présenter un état de ses recettes et de ses dépenses, et, si les recettes excèdent les dépenses, payer ce reliquat. Comme les effets des actes du mandataire se réalisent dans sa personne, il est contraint de remettre tout ce qu'il a reçu ou acquis par suite du mandat (fr. 8, § 10, *mand.*); car il ne doit rien retenir en sa qualité de mandataire (fr. 20, *cod.*). Conséquemment il cèdera les actions qui lui compéteront contre les tiers à raison du mandat (fr. 10, § 6; fr. 43; fr. 59, *cod.*), par exemple, contre ceux auxquels il a été chargé de prêter. Si le mandataire a touché des sommes d'argent, il en doit les intérêts : 1° quand il est en demeure; 2° quand il aura placé ces sommes *sub usuris;* 3° à plus forte raison quand il en a fait usage à son profit.

S'il y a plusieurs comandataires, c'est-à-dire mandataires établis pour une affaire commune, chacun d'eux est tenu pour le tout, et le paiement fait par l'un d'eux libère les autres (loi LX, § 2, *mand.*); mais la poursuite intentée contre l'un d'eux n'a pas le même effet. C'est donc que les comandataires sont tenus *in sol'dum* sans être débiteurs corréaux (Le Code Napoléon n'a pas maintenu cette solidarité entre les comandataires).

L'inexécution des obligations du mandataire fait naître contre lui *l'actio mandati directa,* qui est *in personam,* civile, *in jus* et *bonæ fidei.*

II. — Le principe des obligations du mandant

est que le mandataire, en rendant un service gratuit, ne doit pas subir de préjudice. De là trois chefs à considérer; le mandant est contraint de recevoir les objets acquis en vertu du mandat, de rembourser aux mandataires ses dépenses et pertes, de l'indemniser des engagements qu'il a personnellement contractés. Le mandataire a contre le mandant l'*actio mandati contraria*, revêtue des mêmes attributs que l'*actio directa*.

Le mandant doit recevoir les objets acquis en vertu du mandat; car le mandataire ne peut être forcé de les garder indéfiniment, et la responsabilité de la garde lui pèse. Si le mandant s'y refusait, le mandataire pourrait intenter l'action contraire (fr. 12, par. 9, *mand.)* et vraisemblablement consigner les objets dans un lieu désigné par le juge.

Le mandant doit rembourser au mandataire le prix des choses acquises, plus généralement tout ce qu'il a payé ou dépensé *(loc. cit.)*, en un mot tout ce que lui a coûté l'exécution du mandat (fr. 45, § 6; fr. 26, § 7, *mand.)*. Il importe peu que ces dépenses aient été profitables ou non au mandant, pourvu qu'elles n'aient pas constitué le mandataire en faute ; *si tamen nihil culpâ tuâ factum est, sumptus, quos (in litem) probabili ratione feceras, contrariâ mandati actione petere potes* (C. 4, *Cod. lib.* 4, t. 35). Le mandat doit également indemniser le mandataire de ses pertes ; mais il faut que le mandat en ait été la *cause*, qu'elles y aient leur origine immédiate (loi XXVI, § 6, *mand.*), et les cas fortuits ne donneraient aucun droit à l'indemnité (chez nous, il suffit que le mandat soit l'*occasion* des pertes, art. 2000). Les intérêts des sommes à rembourser sont dus au mandataire : 1° quand le mandant est *in mord* ; 2° quand le mandataire aurait pu placer utilement son argent à son profit (fr. 12, § 9, *cod.*).

Le mandant est en outre obligé d'indemniser le mandataire des engagements qu'il a contractés personnellement, ce qui signifie que le mandataire a le droit d'exiger sa libération. Si le mandataire est un fidéjusseur, il ne peut en règle générale recourir ainsi contre le mandant qu'après avoir payé ou après avoir subi condamnation à payer le créancier (fr. 38, § 1, *mand* ; C. 6, Cod. *lib.* 4, t. 35) ; cependant lorsque la dette est échue et que le débiteur tarde trop à payer, ou s'il est menacé de devenir insolvable, le mandataire n'est pas tenu d'attendre la condamnation et peut agir en indemnité (fr. 38, *loc. cit. mand* ; disposition reproduite dans l'art. 2032 du Code Napoléon). Pour le mandataire ordinaire, le principe est qu'il peut immédiatement, et avant tout paiement ou condamnation, se faire libérer par le mandant (fr. 45, § 2 et 5, *cod.*) ou garantir contre les

actions des créanciers. Quand il y a plusieurs co-
mandants, on les présume obligés *in solidum*
indépendamment de toute clause expresse (fr. 59,
§ 3, *mand*; C. 14, Cod. lib. 4, t. 35; même règle
au Code Nap., art. 2002).

Si le mandataire n'a pas exécuté le mandat, l'action contraire lui est refusée, tandis que le mandant
exerce l'action directe (Gaius', *Com.* 3, 161; Inst.
§ 8, *hic*). Mais une question se présente. Exécuter un mandat, c'est suivre les intentions du mandant, c'est lui imposer une responsabilité mesurée
à sa guise, c'est lui imposer des obligations égales
ou inférieures aux obligations qu'il voulait assumer.
Supposons maintenant que le mandataire empire
la condition du mandant, par exemple, en achetant
au dessus ou en vendant au dessous du prix fixé;
il reste exposé à l'action du mandant, sans avoir
contre ce dernier l'*actio contraria* (Inst. *hic*;
Gaïus, *Comm.* 3, 161). Le mandataire, chargé de
cautionner un débiteur ou d'acheter une maison
pour cent écus d'or, cautionne ou achète pour
cent dix; tout le monde reconnaît qu'il n'aura pas
droit d'agir contre le mandant pour cette dernière
somme. Aura-t-il du moins une action restreinte
à la somme fixée par le mandant? Les deux
grandes écoles de jurisconsultes se divisaient sur
ce point.

Les Sabiniens refusaient dans ce cas au mandataire toute action de mandat, même réduite à la valeur indiquée par le mandant. Gaïus proclame cette doctrine (Comm. 3, 161) ; Paul la justifie par un puissant argument (loi III, § 2, *mand.*), en nous faisant remarquer que le système contraire met le mandant à la merci du mandataire; en effet, si la valeur de la chose est au dessous du prix fixé par le mandant, il pourra se voir forcé de prendre la chose pour ce même prix, et alors il supportera une partie de la perte ; si l'acquisition est avantageuse, le mandataire ne pourra pas se voir forcé de la céder pour le prix fixé dans le mandat, ni même pour un prix supérieur. En l'absence d'autres arguments, la rigueur des Sabiniens est moins facilement explicable à l'égard du mandataire fidéjusseur qu'à l'encontre du mandataire acheteur ; car les cent dix que le premier a garantis contiennent les cent qu'il aurait dû garantir (loi I, § 4, de verb. oblig.), et le mandant ne peut pas se plaindre de l'inexécution du mandat ; puisqu'au surplus on ne lui demande aucun excédant, il n'a pas de motif pour refuser au mandataire la somme portée au contrat (Ducaurroy, *hic*).

En définitive c'est l'opinion des Proculiens qui a prévalu; *Proculus recte eum, usque ad pretium statutum, acturum existimat; quæ sententia sane benignior est* (loi IV, *mand.*). Leur système était moins rigoureux ; mais cette considération n'est

pas la seule qu'ils pussent invoquer ; et M. Ducaurroy donne de leur théorie une explication certainement insuffisante, lorsqu'il ne lui reconnaît
d'autre mérite que d'épargner au mandataire, par
un sacrifice d'argent, une condamnation que la
nature de l'*actio mandati* rendait quelquefois in-
famante. Le vrai fondement du système des Proculiens, c'est qu'il était infiniment plus équitable
que l'autre. On ne pouvait pas dire, en général ;
que le mandant y fût mis à la merci du mandataire; il avait le plus souvent l'*actio mandati directa* dans la limite de l'intérêt que lui offrait l'opération, parce que le mandataire, empêché de traiter aux conditions fixées dans le mandat, aurait
dû en informer le mandant (loi XXVII, § 2, *mand.*)
Les hypothèses où le temps lui fera défaut à cet
effet seront bien les plus rares. Nous pensons donc
que l'opinion des Proculiens était la meilleure en
principe, et Justinien n'a pas eu tort de l'admettre
aux Instituts (§ 8, *hic.*).

Rapports des contractants avec les tiers. —
Comme le demande la logique, dans les rapports
des contractants avec les tiers, nous examinerons
les effets du mandat au point de vue des *jura in
re* et des *jura in personam*. Nous connaissons déjà
les principes fondamentaux de la matière.

Jura in re. — Le représentant *extraneus* a
mission d'aliéner ou mission d'acquérir.

I. — Un mandataire peut-il aliéner la chose du mandant, en sorte que celui-ci perde la propriété ? Nous savons qu'en règle générale il ne le peut pas. Mais nous avons aussi montré la dérogation qui fut admise au droit primitif; le mandataire fait valablement une tradition au nom du mandant et le dépouille de la propriété par ce moyen. Car le mandataire, investi de la *nuda detentio*, la transfère aux tiers; si les tiers ont l'*animus sibi habendi*, le maudant *animo tradendi* leur fournira la *justa causa*; la tradition sera dès lors parfaite, et les tiers acquerront de cette manière la propriété des choses susceptibles d'être acquises par la tradition, c'est-à-dire des choses *nec mancipi*. Quant aux choses *mancipi*, la propriété n'en est transmise qu'à l'aide des modes d'acquérir du droit civil (fr. 77, *de Reg. jur.*), et ces modes sont inaccessibles au représentant *extraneus* en cette qualité.

Il pourra bien se servir de la tradition à leur égard, seulement les tiers n'auront point, par la seule tradition, ces choses en propriété, *sed tantum in bonis*; c'est par l'usucapion que le domaine prétorien se transformera en domaine quiritaire.

Il résulte de là que tous les droits réels non susceptibles d'être transférés par une tradition, n'étaient pas susceptibles d'être aliénés par le mandataire. Sur ce point, comme en bien d'autres parties de la loi romaine, le préteur parvint à tourner les antiques barrières, en établissant le domaine *in bonis*, la quasi-*possessio* et son corollaire la *quast-tradilio*.

II. — Quant à l'acquisition de la propriété, si je donne mandat à un *extraneus* de me la procurer, je me heurterai encore contre la règle générale. La propriété ne me viendra pas directement par le seul effet de l'opération du mandataire avec le tiers ; elle s'arrêtera d'abord sur sa tête, et il devra me la retransférer en vertu de l'engagement qui l'oblige envers moi. Ce principe embrassait même la tradition dans l'ancien droit (Gaïus, *Comm.* 2, 95.)

Le système de la double translation avait des inconvénients graves. Un ou plusieurs droits réels pouvaient naître sur la chose, du chef de l'*extraneus* mandataire, dans le temps qu'il en était *dominus*. On en vint à décider que le mandataire, en se constituant *detentor* pour le compte du mandant lui acquérait par voie de conséquence la propriété, si le mandant avait d'ailleurs l'*animus adqui-rendi*.

Ainsi le vieux principe n'était pas violé; on l'éludait. Il retrouvait une application dans le cas où le mandant ne joignait pas son *animus adquirendi* à la *detentio* du mandataire (fr. 59, *de adq. rer. dom.*). Si la chose livrée au mandataire était *nec mancipi*, le mandant devenait propriétaire; si elle était *mancipi*, il l'avait *in bonis*.

L'opinion s'établit que le mandant acquérait la possession dès l'instant et par le seul fait que le mandataire recevait la tradition (C. 1, *Cod.* lib. 7, t. 32): *per liberam personam ignoranti quoque acquiri possessionem, et, postquam scientia intervenerit, usucapionis conditionem inchoari posse, tam rotionis utilitate quam juris prudentia receptum est.* Cette règle est reproduite aux *Sent. Pauli,* lib. 5, t. II, § 2, et aux Instistutes, liv. II, t. IX, § 5. Le mandant ne commence à usucaper que du moment où il est informé de l'exécution du mandant et de la tradition effectuée.

Mais était-il nécessaire que le mandataire eût l'*animus possidendi* pour le compte de son mandant? S'il voulait acquérir pour lui-même, le mandant, contre le gré du mandataire infidèle, acquérait-il quand même la possession et la propriété? C'est ici l'un de ces débats célèbres comme le droit romain en présente beaucoup. Julien pensait qu'une opération pareille restait absolument sans effet; car le *tradens* ayant voulu transmettre la possession au représenté par l'intermédiaire du représentant, et le représenté ayant prétendu l'intercepter pour lui-même, ni l'une ni l'autre de ces deux intentions n'avait pu se réaliser; les choses demeuraient donc en l'état. Ulpien, le jurisconsulte aux idées progressistes, défendait une autre opinion; à son avis, la volonté occulte du mandataire

n'avait pas de résultats; la déclaration qu'il faisait
d'acquérir la possession pour le mandant devait
l'emporter et l'emportait sur ses pensées cachées ;
pour que la possession passât du *tradens* au mandant, en dépit de l'*animus sibi habendi* nourri par
le mandataire, il suffisait que le *tradens* et le mandant l'entendissent ainsi. Par conséquent le mandant acquérait la possession et la propriété dans
notre hypothèse, tout comme si le mandataire
n'avait pas essayé de manquer à ses devoirs.

Jura in personam. — Le mandataire ne peut constituer directement le mandant créancier ou débiteur, par la seule vertu des opérations qu'il fait avec
les tiers au nom de son mandat. Il ne faut pas confondre cette règle avec l'axiome de droit *qu'un contractant ne peut engager un tiers*; cet axiome signifie
qu'un tel contrat serait nul *inter partes*.

Le principe relatif à l'efficacité des actes du mandataire avec les tiers régit une sphère plus vaste.
Ce qui en découle, c'est que les transactions inter-
venues entre le mandataire et les tiers retombent
sur le mandataire au regard des tiers; il est
seul leur créancier ou leur débiteur. Le règlement
définitif de toutes ces opérations juridiques se
fera plus tard entre le mandataire et le mandant;
c'est dans cette nécessité que se résument les diverses obligations nées du contrat de mandat pour
les parties à ce contrat. Mais ce point de vue n'est

plus le nôtre, et nous répétons qu'à l'encontre des tiers, le mandataire existe seul; ils n'ont pas à se préoccuper du mandant.

L'intervention du mandataire est donc inefficace pour établir des rapports de créance entre le mandant et les tiers. Il y a même des cas où elle n'aurait pas davantage la force de modifier ces rapports déjà existants; par exemple, un mandataire ne peut jouer un rôle utile dans l'acceptilation pour éteindre la créance ou la dette du mandant; car l'acceptilation n'admet pas la représentation (loi LXXVII, *de Reg. Jur.*).

Ces principes rigoureux ne se sont pas maintenus dans toute leur intégrité jusqu'à la fin. Par analogie des actions *adjectitiæ qualitatis* données par le préteur, en certains cas déterminés, contre le père ou le maître à raison des engagements du fils ou de l'esclave, les intéressés eurent l'action *exercitoria* contre le mandant *exercitor* à l'occasion des obligations contractées par son mandataire *magister navis extraneus*. Et le préteur alla bientôt jusqu'à permettre, aux tiers qui avaient suivi la foi du mandataire, l'action *institoria* contre le mandant à titre universel (loi X, *mand.*).

Mais on trouve dans les Pandectes la trace d'une *condictio*, action éminemment civile, accordée contre le mandant aux tiers. Ce point de droit n'est pas douteux; en revanche il est fort embarrassant. S'il existe une action civile, comment s'expliquer tant d'actions prétoriennes? Vinnius a supposé que les jurisconsultes avaient fini par autoriser directement les moyens indirects du préteur. A ce compte, les textes devraient ouvrir contre le mandant, le père ou le maître (car toutes ces personnes y sont comprises), les diverses actions nées des engagements du mandataire, du fils ou de l'esclave. Or ils n'ouvrent que la condiction; encore la restreignent-ils à deux cas : 1° lorsque les tiers ont traité avec le représentant par ordre du représenté; 2° lorsqu'ils ont fourni au représentant les valeurs dont il a fait emploi pour les affaires du représenté. Le second cas s'explique sans peine; en effet, pour avoir la condiction contre une personne, il suffit, sans contracter avec elle, que ma chose passe dans son patrimoine ou qu'elle se trouve enrichie à mes dépens (lois XXIII et XXXII *de reb. cred.*). Pour le premier cas, on s'en rend compte en observant que contracter avec une personne, par ordre d'une autre, ce n'est pas à la rigueur contracter avec celle-ci, mais c'est néanmoins suivre sa foi (Inst. § 1, *quod cum eo cont.*); il y a pour ainsi dire à son égard *res credita* (loi I, *de reb. cred.*); dès lors la condiction devient toute naturelle. Elle n'est toutefois arrivée que lentement (loi XXXIII, *de cond, in deb.*; - loi XXXII, *de reb. cred.*; - lois XXIII, XXIX, 6, § 2, *eod.*).

Une fois les effets des opérations du mandataire

accomplis dans sa personne, comment s'en déchar-
geait-il sur le mandant? Car le mandat en définitive
n'avait d'autre objet que d'aboutir là. Pour les
dettes contractées par le mandataire, rien de plus
facile; nous l'avons déjà vu, il exigeait sa libération,
que le mandant effectuait par le payement ou par
tout autre mode d'extinction vis-à-vis du tiers créancier; s'il les payait lui-même, le remboursement lui
en était dû et il n'avait qu'à le poursuivre par *l'actio
mandati*. Pour les créances formées à son actif, le
mandataire, conformément aux principes du droit
romain sur la cession de droits personnels, char-
geait le mandant d'en exercer les actions à titre de
procurator in rem suam. Mais le mandataire pouvait
mourir sans héritiers avant d'avoir fait cette cession, qui devenait alors impossible; ou bien le
mandant pouvait mourir avant d'avoir fait la *litis
contestatio* avec le tiers débiteur; alors ses héritiers
ne succédaient pas à son droit, puisque la *procuratio*
s'éteignait avec lui, et que la novation judiciaire de
la créance poursuivie n'avait pas eu lieu à son profit. Nous croyons qu'on recourait dans ces deux
hypothèses aux *actiones utiles*, la commode ressource
des préteurs.

§ III. — *Causes d'extinction du mandat.*

On entend par *causes d'extinction* d'un contrat les faits qui mettent fin complétement pour l'avenir à toutes relations entre les parties.

On range d'ordinaire sous quatre chefs les causes d'extinction du mandat à Rome. Il se dissout *re, tempore, personâ, voluntate.*

1° Le mandat limité à une ou plusieurs opérations finit nécessairement lorsque l'opération est terminée.

2° De même le mandat restreint à une période de temps ou affecté d'une condition résolutoire disparaît quand arrive le terme ou s'accomplit la condition.

3° Le mandat est fait en vue des personnes qui le contractent; il a pour fondement la confiance de l'une dans l'autre. Dès lors il est naturel que la suppression de l'un des contractants entraîne la dissolution du contrat ; la mort du mandant ou du mandataire le fait s'évanouir (Iust. § 10, *hic.*).

La mort du mandant détruit les pouvoirs du mandataire. Mais s'il continue d'agir dans l'ignorance de cet événement, sa bonne foi l'excusera. (Gaïus, *Comm.* 3, 160; fr. 26 *mand*; texte Iust. *hic*).

Nous pensons que la *maxima capitis deminutio*

de l'un des contractants amène également la rupture du mandant; car elle enlève à celui qu'elle
atteint toute capacité de s'obliger contractuelle-
ment. La *media deminutio* laisserait subsister le
mandat, parce que cette convention est du droit
des gens. Quant à la *minima deminutio*, elle n'aurait pas une influence sensible sur le mandat.

4° Les contrats consensuels se résolvent par un
consentement contraire au consentement qui les
a formés, lorsque le *mutuus dissensus* intervient
re nondùm secutâ (Inst. p. 4, *quib. mod. oblig.
toll*; fr. 3, *de rescind. vend.*); mais le dissenti-
ment d'une seule des parties n'a pas la vertu de
dissoudre l'obligation, car si l'on est libre de
s'engager, on ne l'est pas de se dégager (C. 5, Cod.
de obl. et act.). Cependant le mandat souffre des
exceptions à cette règle.

En effet, le mandant peut révoquer le mandat
(fr. 12, § 16, *mand.*). Il faut néanmoins que ce
contrat n'ait pas été la condition d'un autre contrat fait avec le mandataire ou avec un tiers (loi
XXII, § 3, *de solut.*). Si la révocation intervient
avant un commencement d'exécution, *rebus adhùc
integris*, le mandat ne produit aucune obligation,
il est comme s'il n'avait jamais été, *solvitur,
evanescit* (Inst. § 10, *hîc*; Gaïus, *Comm.* 3, 159).
Le mandat dont l'exécution se trouve commencée
est encore sujet à révocation, mais seulement pour

l'avenir ; aussi l'obligation subsiste-t-elle de part et d'autre pour tout ce que le mandataire a fait avant ou même après la révocation qui ne lui était pas connue (loi XV, *mand.*).

Le mandataire peut aussi dissoudre le contrat par sa volonté ; mais la renonciation lui est moins facile que la révocation ne l'est au mandant. Il faut considérer, en effet, que l'inexécution du mandat expose le mandant à un préjudice qui ne menace pas le mandataire. Nous avons d'ailleurs examiné les conditions de la renonciation du mandataire, sous la rubrique de ses obligations.

La dissolution du contrat par la mort ou par la volonté de l'une des parties n'arrête pas toujours et sur le coup les effets du mandat. Par exemple, si le créancier mande au débiteur de payer ès-mains d'une personne désignée, le paiement reçu par ce tiers est valable et libère le débiteur, lorsqu'il a ignoré la mort du mandant ou la révocation du mandat (fr. 26, § 1, *nost. tit.*). Un autre exemple est proposé dans la loi XXXIV, § 3, *de donat.*; le jurisconsulte Julien suppose qu'un débiteur a ignoré la manumission de l'esclave préposé aux recettes de son maître, *manumisso dispensatore* ; le créancier, en chargeant cet esclave de recevoir, donne à ses débiteurs un mandat véritable de se libérer entre les mains de l'esclave, et l'affranchissement de l'esclave est une révocation tacite du mandat.

Il y a donc certaines hypothèses où l'action *mandati* survit au mandat, puisqu'après la mort du mandant cette action peut résulter contre ses héritiers de l'exécution commencée ou continuée dans l'ignorance du décès (loi LVIII; *mand.*). Mais après la mort du mandataire, le mandat exécuté par ses héritiers est dépourvu de toute action (loi XXIII, § 3, *cod.*), parce qu'ils ont nécessairement connu le décès de leur auteur.

DEUXIÈME PARTIE

DROIT FRANÇAIS

CHAPITRE PRÉLIMINAIRE

Nous savons maintenant que le mandataire en droit romain ne représentait pas le mandant, qui restait en dehors de tout contact juridique avec les tiers. Cependant, si tel était le principe, nous savons aussi que l'idée de la pleine représentation d'une personne par une autre ne demeura pas entièrement étrangère aux préteurs et aux jurisconsultes.

Le mandat était trop utile pour ne pas se maintenir dans l'ancien droit. Les anciennes règles romaines sur la représentation que nous avons appelée *naturelle* disparurent peu à peu avec l'organisation de la famille à Rome, et nous n'aurons plus à nous en occuper dorénavant ; mais la représentation conventionnelle ne pouvait pas périr. Car à ces vieilles époques où les intérêts n'étaient pas dotés des instruments de transport et des moyens de locomotion si puissants aujourd'hui, le mandat procurait les avantages de la représentation la plus lointaine aux personnes qui ne pouvaient ou ne voulaient pas voyager.

On l'appliqua même à des matières qui semblent le repousser. C'est ainsi qu'on se battait en duel par procureur (Ducange, V° *Campio*), c'est ainsi que le droit canonique autorisa les mariages clandestins par procureur (Durand de Maillane, V° *Procureur*, p. 527). Il y eut des procureurs de toute espèce et même des procuratrices : procureurs des seigneurs, des communautés, des églises, du fisc, etc., etc. (Troplong, *mandat*, préf.). Nous aurons occasion de relever, dans la suite de notre travail, les différences qui peuvent exister entre le mandat de notre droit ancien et le mandat actuel.

Mais ce qu'il faut remarquer, c'est que le moyen âge vit naître l'industrie des commissionnaires, qui est devenue une branche si importante du mandat moderne. Nous en ferons l'historique au début de la section que nous devrons consacrer particulièrement à la *commission*.

Le commerce, en effet, use très-fréquemment du mandat. Mais le nom de mandataire ou de procureur, sans y être inconnu, n'est pas le plus habituel ; il a son application ordinaire dans le droit civil, tandis

que le droit commercial emploie de préférence le
nom de commissionnaire. On peut dire que les
commissionnaires sont les véritables mandataires
commerciaux.

Ce mot de *commissionnaire* désigne, dans son expression générale, la personne qui agit pour un commerçant, lequel s'appelle *commettant* ; le contrat qui
les lie l'un à l'autre est la *commission*. C'est de la
commission prise à ce point de vue que nous voulons traiter. Nous écartons par conséquent certaines
autres significations des mots *commission* et *commissionnaire*. Ainsi l'on peut entendre spécialement
par commissionnaire le commerçant qui se charge
d'agir pour le compte d'autrui ; ce sens est compris
dans la portée plus vaste que nous attribuons au
terme *commissionnaire*. Les entrepreneurs de transport par terre ou par eau sont désignés aussi, dans
le Code de commerce, sous la dénomination de commissionnaires de roulage et voituriers ; nous faisons
observer, en effet, que ces entrepreneurs agissent
pour le compte de leurs commettants vis-à-vis des
nautonniers ou voituriers. Mais de notables différences
les séparent des commissionnaires pour d'autres
opérations ; la principale consiste dans la responsabilité qui met à la charge des entrepreneurs de transport tous les faits des tiers auxquels ils ont confié
les marchandises qu'ils doivent envoyer à desti-
nation ; au contraire, les autres commissionnaires

ne sont pas ordinairement responsables des suites de leurs opérations, quand ils ont traité avec des personnes solvables et dignes de leur confiance. La commission pour les transports est donc bien distincte de la commission proprement dite, et c'est à propos de ce dernier contrat que nous exposerons les principes généraux. Enfin on connait, sous le nom de commissionnaires du Mont-de-piété et commissionnaires de place, d'autres intermédiaires dont l'entreprise ou les travaux n'ont rien de commercial.

Nous ne conservons donc en notre plan que la *commission* et le *commissionnaire* entendus au sens d'abord indiqué. Ce contrat de commission a de nombreux points de ressemblance avec le contrat de mandat ; mais il s'en distingue néanmoins par des traits qui lui font une existence propre. La différence radicale, c'est qu'il y a mandat quand l'opération confiée est *civile*, et commission lorsque l'opération confiée est *commerciale*. Je vous charge d'acheter pour moi telle marchandise que je veux revendre ; c'est une commission, puisque je vous confie une opération de commerce. Je vous charge d'acheter pour moi tel immeuble ; c'est un mandat, puisqu'il n'y a rien de commercial dans cette opération.

On a voulu, du rapprochement des articles 1981 Cod. civ. et 91 Cod. com., tirer la conclusion sui-

vante, à savoir : la différence entre le commissionnaire et le mandataire consiste en ce que le premier
contracte *en son nom*, et le second *au nom du représenté*. Mais cette doctrine est trop affirmative et contient une part d'erreur. Nous croyons qu'en règle
générale le mandataire civil agit au nom du représenté et ne s'oblige pas lui-même envers les tiers ;
l'art. 1984 au Cod. civ. en est la preuve. Seulement
nous n'admettons pas qu'il en soit ainsi toujours et
nécessairement ; le principe de liberté qui domine
toute la théorie des contrats du droit français, et
l'art 1997 *in fine* nous poussent irrésistiblement à penser que la loi, fidèle à la doctrine de Pothier, permet
au mandataire de contracter en son nom comme au
nom du mandant. A l'inverse, nous croyons qu'en
règle générale le commissionnaire s'oblige personnellement envers les tiers, parce qu'il agit en son
propre nom pour le compte du représenté, et l'art.
91 au Cod. com. en est la preuve ; seulement le
principe de liberté que nous invoquions tout à
l'heure et l'art. 92 nous démontrent clairement que
le commissionnaire peut également n'agir qu'au
nom du commettant et n'engager que la responsabilité de celui-ci.

Nous arrivons à ce résultat précieux : sous la loi
française, il est de droit commun que les effets actifs ou passifs des opérations du réprésentant conventionnel (il n'y en a pas d'autre pour les capables)

se réalisent sur la tête du représenté dans les matières civiles ; mais rien n'empêche les parties de les arrêter sur le représentant. Dans les matières commerciales, ce sera la proposition inverse qui exprimera la vérité.

Telle est la représentation conventionnelle aujourd'hui. Mandat ou commission, elle peut intervenir dans presque toutes les négociations et rapports juridiques. Il y a cependant des actes de la vie civile qui ne peuvent s'accomplir par des représentants. Nous citerons le mariage qui, d'après le sens que nous attachons à l'art. 75 du Cod. civ., ne se contracte pas légalement par procureur. Faut-il ajouter comme exemple la célèbre maxime: *en France, nul ne plaide par procureur?* Ce brocard semble heurter de front notre système de procédure, qui ne marche qu'à l'aide de procureurs ; la constitution d'un procureur est absolument obligatoire pour aller devant les tribunaux, et c'est là un des points les plus souvent critiqués de notre organisation judiciaire. Que signifie donc le vieux proverbe? Il signifie tout simplement qu'à la barre des tribunaux, quiconque demande justice doit agir en son nom, alors même qu'il est représenté par un mandataire. *Nul ne plaide par procureur, si ce n'est le roi*; autrefois certains nobles, par imitation de cette prérogative royale, ne voulaient pas s'incliner devant la magistrature des Parlements : « Ils cachaient leur orgueil derrière un procureur fondé qui parlait en son propre nom » (Troplong, du mand. préf.). Les Parlements les forcèrent à faire acte de soumission personnelle devant eux, en les forçant à se nommer toujours. La pensée du fameux adage est donc toute politique (Tropl.); et bien qu'on la rappelle encore, elle n'a guère plus de sens pratique.

PREMIÈRE SECTION

MANDAT CIVIL

CHAPITRE I

Définition du mandat

Le mot *mandat* a trois significations ; il signifie :
1° le pouvoir donné par une personne à une autre
d'agir pour elle et en son nom ; ce pouvoir se
nomme plus spécialement *procuration* (art. 1981-1°);
2° l'acte qui constate cette procuration ; 3° le contrat
formé, par le concours des deux volontés, entre la
personne qui donne le pouvoir et la personne qui
l'accepte (art. 1981-3°).

Le contrat de mandat n'est donc qu'une procuration acceptée. Cette notion a besoin d'être dévelop-
pée. Il faut que le mandataire ait agréé le pouvoir,
en promettant de l'exécuter; car s'il n'avait pas eu
l'intention de s'obliger, s'il n'avait vu dans le pouvoir à lui confié qu'une simple faculté dont la mise
en œuvre dépendrait de ses convenances personnelles,
le contrat de mandat n'aurait pas pris naissance.

Puisqu'il y a dans le mandat deux parties compo.
santes, la procuration et l'acceptation, il doit y avoir
également deux preuves à faire. Or les preuves sont
expresses ou *tacites*.

Quant à la preuve expresse de la procuration ou
de l'acceptation, elle sera tantôt écrite, tantôt verbale.
Il importe peu que l'écrit soit authentique ou sous
seing privé; dans ce dernier cas nous n'exigeons pas
même un écrit fait en double, car une lettre suffirait
à constater l'acceptation ou la procuration (art.1985).
A défaut d'écrit, les parties feront usage de la preuve
testimoniale, conformément aux articles 1311 et
suiv.; si l'objet du mandat est d'une valeur supérieure à 150 francs, on n'aura d'autre ressource que
la délation du serment .et l'interrogatoire sur faits
et articles.

La preuve de l'acceptation du mandat peut même
n'être que tacite et résulter de certaines circonstances
qui engendrent présomption, par exemple, de l'exécution du mandat (art. 1985 - 2°). — En est-il de
même de la procuration? Peut-elle n'être que tacite? Le
droit romain admettait l'affirmative; on s'y était déterminé par la règle *is qui potest prohibere et non prohi-
bet, consentire et mandare videtur* (Loi LX, *de Reg.
jur.*). Pothier professait la même doctrine. A s'en
tenir aux textes du Code, cette théorie n'est plus
acceptable aujourd'hui. Que lisons-nous, en effet,
dans l'art. 1372 ? « Il y a contrat de gestion d'affaires,

soit que le propriétaire connaisse la gestion, soit
qu'il l'ignore »; d'où semble découler la conséquence
générale que, si le propriétaire connaît la gestion et
ne s'y oppose pas, cette procuration tacite ne donne
pas origine au contrat de mandat, mais seulement
au quasi-contrat de gestion d'affaires. Comme pour
corroborer l'argument tiré de l'art. 1372, voici que
l'art 1985 demande au mandant une déclaration de
volonté *écrite* ou *verbale*, ce qui semble exclure toute
manifestation *tacite*; et le second alinéa du même
article, en tolérant que l'acceptation soit tacite,
prohibe *à contrario* toute procuration de ce genre.
Cependant les jurisconsultes n'ont pas reculé devant
ces raisons de texte. Ils écartent d'abord les souve-
nirs du droit romain et l'autorité de Pothier;
comment notre législateur, si ennemi des subtilités
latines, aurait-il exigé quelque acte sensible pour la
perfection d'un contrat, que le droit romain lui-
même n'hésitait pas à classer parmi les contrats
consensuels? Puis l'art. 1372 nous fait illusion par
une apparente clarté. Il y a quasi-contrat de gestion
d'affaires, dit-il, *malgré que le propriétaire connaisse
la gestion;* ces mots se réfèrent à l'hypothèse où le
maître n'a pas eu la volonté d'autoriser la gestion de
lui connue. Il a su qu'une personne gérait ses
affaires, et les circonstances l'ont empêché de s'y
opposer; dès lors les volontés n'ont pas concouru, et
l'art. 1372 fait justement entendre qu'on ne saurait

trouver là l'idée d'une procuration tacite et d'un contrat tacite de mandat; par suite qu'il n'y a qu'un quasi-contrat de gestion d'affaires. Mais au contraire supposons que le maître, libre de mettre obstacle à la gestion qu'il connaissait, se soit abstenu de toute opposition; cette hypothèse est en dehors de l'art. 1372, et nous y devons voir un contrat tacite de mandat. Reste l'art. 1985; il demande que la volonté du mandant soit exprimée par écrit ou verbalement; qu'est ce à dire? Interprèterons nous à la lettre cette disposition? La science a secoué le despotisme des mots. La procuration donnée *verbalement*, c'est la procuration donnée *sans écrit*, c'est-à-dire manifestée par des paroles, ou par des signes, ou par d'autres faits quelconques. Tel est l'esprit général de notre loi. Nous trouvons même dans l'art. 556 du Code do proc., un exemple de procuration tacite; la remise du titre ou du jugement à l'huissier vaut pouvoir pour tous les actes autres que la saisie immobilière et l'emprisonnement.

Nous arrivons par cette voie à la définition du mandat : le *mandat* est une convention par laquelle une personne donne pouvoir d'agir pour son compte et le plus souvent en son nom, à une autre personne qui s'en charge gratuitement et s'oblige à rendre raison de sa gestion.

Dès notre première page, nous avons indiqué la haute utilité de ce genre de représentation. A Rome, nous le savons, on attachait au mandat une idée de grandeur, un prestige religieux, qui en faisaient l'un des plus augustes parmi les contrats Peut-être, en allant bien au fond des choses, apercevrait-on dans toutes les conventions la même grandeur et le même prestige, puisqu'elles impliquent toutes le même appel à la conscience humaine ; mais le mandat, gratuit de sa nature, semble dégagé des préoccupations d'intérêt qui dominent ailleurs Le mandataire donne et ne reçoit pas ; il donne ses soins et son temps, il ne reçoit rien d'appréciable en argent. A prendre le mandat ancien ou moderne dans la pure théorie, il s'en exhale comme un parfum de charité, qui doit plaire d'autant plus aux jurisconsultes qu'ils y sont moins habitués.

CHAPITRE II

Formation du mandat

Nous avons maintenant à faire l'analyse des notions générales précédemment exposées. Le contrat de mandat se compose d'éléments qui lui sont *essentiels*, c'est-à-dire dont il ne peut se passer ; il présente en outre des caractères qui sont *de sa nature*. c'est à dire qu'on y rencontre ordinairement, mais qui ne lui sont pas indispensables.

§ 1. — *Éléments essentiels du mandat.*

Les éléments essentiels au mandat doivent être examinés dans les sujets et dans l'objet du contrat.

Qualités essentielles aux sujets du mandat. — Le mandat met deux personnes en relation ; il peut, de cette relation, naître des obligations pour chacune d'elles ; ne faut il pas en conséquence que l'une et l'autre soient capables de s'obliger ?

1° Le mandant doit être capable de s'obliger. L'exécution d'un mandat donné par un incapable, tel qu'un mineur ou qu'un interdit, n'engage le mandant, ni envers le mandataire qui reste grevé des impenses par lui faites, ni envers les tiers qui ont traité avec le mandataire. Cependant, et par obéissance aux principes, nous accorderions contre le mandant incapable l'action *de in rem verso*, jusqu'à concurrence du profit qui lui serait advenu de l'exécution du mandat.

2° Le mandataire doit-il être également capable de s'obliger ? Cette question présente deux faces ; il faut l'envisager dans les rapports du mandataire avec le mandant, et dans les rapports du mandant avec les tiers. Elle revient d'ailleurs à se demander quelles personnes peuvent jouer efficacement le rôle de mandataire.

Ce qui est hors de doute, c'est qu'entre le mandataire et le mandant les règles ordinairement appliquées en matière de capacité conservent leur empire. Si le mandataire incapable n'exécute pas ou exécute mal le mandat, il n'en sera pas moins à l'abri de toute action du mandant ; ce dernier ne devra s'en prendre qu'à lui-même de son choix. Par exception, il pourra poursuivre le mandataire incapable : 1° quand celui-ci sera détenteur d'objets perçus en sa qualité de mandataire et en vertu de son mandat ; c'est encore l'action *de in rem verso;* 2° quand le mandataire se sera fait passer pour capable à l'aide d'un acte faux (art. 1387), ou s'il a commis quelque délit dans sa gestion (art 1310). Mais en principe, et dans le sens que nous venons d'indiquer, la capacité du mandataire est indispensable à la perfection du contrat entre les deux parties ; le droit commun l'ordonne ainsi.

Dans les rapports du mandant avec les tiers, il en est autrement. On ne recherche plus si le mandataire est ou n'est pas capable de s'obliger. Quand j'ai confiance dans la sagesse d'un incapable, rien ne m'empêche de le choisir pour mon représentant, à mes risques et périls. Où serait l'intérêt des tiers à s'y opposer? Dans la réalité des faits, mon mandataire n'est qu'un trait d'union, et c'est avec moi que les tiers entrent en relation, c'est avec moi qu'ils contractent, c'est moi qui deviens leur créancier ou leur débiteur. Sans doute mes affaires seront compromises, si le mandataire gère mal ; ne suis-je pas libre de courir ce danger ? On peut donc confier un mandat à un incapable. Si l'art. 1990 ne reconnaît expressément cette liberté qu'à l'égard du mineur émancipé et des femmes mariées non autorisées, il n'en faut pas moins l'étendre jusqu'aux mineurs non émancipés et jusqu'aux interdits ; car on y est contraint par la logique. La loi a statué sur le *quod plerumque fit*, et n'a pas daigné mentionner un cas aussi extraordinaire que le mandat confié à un mineur de quinze ou dix-huit ans ou à une personne interdite. Il résulte d'ailleurs de l'Exposé des motifs que les rédacteurs du Code n'ont voulu faire, à ce point de vue, aucune différence entre les mineurs non émancipés et les émancipés.

Qualités essentielles à l'objet du mandat. — Les principes généraux nous conduisent aux affirmations suivantes :

1° *L'objet du mandat doit être suffisamment déterminé* ou, ce qui revient au même, *facilement déterminable*. Si l'objet était entièrement incertain, par exemple, si je chargeais quelqu'un de m'acheter quelque chose, sans autre indication, il n'y aurait pas de mandat. Mais il suffit que l'objet puisse aisément être déterminé d'après les circonstances et les intentions. Supposons un marchand qui ait coutume d'acheter tous les ans une certaine quantité de marchandises à un marché ; s'il charge un confrère de faire ses emplettes, le mandat sera valable, car on l'entendra nécessairement de ce que le marchand a coutume d'acheter.

2° *L'objet du mandat doit être possible.*—L'impossibilité d'accomplir le mandat serait une cause de nullité pour le contrat. On distingue *l'impossibilité naturelle* et *l'impossibilité légale.*

1° L'objet du mandat est *naturellement* impossible, lorsqu'il y est mis obstacle par l'ordre même des choses ; ces expressions vagues et générales s'expliqueront par des exemples. Pourrait-on considérer comme sérieux le mandat de faire un voyage à la lune? Il nous semble que non. Or il est des cas où l'impossibilité d'exécuter le mandat, sans être aussi palpable, n'est pas moins incontestable. Supposons que le mandat soit donné pour faire une chose qui se trouvait déjà faite au temps de la formation du contrat ; il est évidemment sans effet, et l'on n'a pas à rechercher si les parties, à l'époque de l'acte, ignoraient que la chose était déjà faite, ou si elles avaient des doutes sur ce point. C'est ce qu'enseignent Pothier (*mand.* n° 6) et M. Duranton (tom. 18, § 201) ; il n'est pas besoin de grands efforts de raisonnement pour être de leur avis. Ainsi, ajoute Pothier, lorsque, ignorant que vous avez prêté de vous-même une somme à mon ami, je

vous donne mandat de lui faire ce prêt, le mandat
ne produit aucune obligation ; car il a pour objet
une affaire déjà faite (loi XII, § 11, *mandat.*). Nous
laissons de côté, bien entendu, l'hypothèse où
j'aurais voulu me porter caution de mon ami. La
personne chargée du mandat de faire une chose
déjà faite pourrait toutefois (Duranton, *loc. cit.*)
répéter les dépenses causées par ce prétendu mandat ; mais elle n'aurait point, à proprement parler,
l'action *mandati contraria*, puisque le contrat
n'était point valable ; elle aurait simplement une
action *in factum*.

2° L'objet du mandat est *légalement* impossible,
lorsqu'il y est mis obstacle par la loi. L'impossibilité légale est *absolue* et *relative*.

Est *absolue* l'impossibilité qui entache toute convention contraire aux lois, aux bonnes mœurs ou à
l'ordre public. C'est ce qu'on exprime en disant que
l'objet du contrat doit être licite (art 1108, art. 1131);
par exemple, le mandat de commettre un vol ou de
faire la contrebande n'aurait aucune vertu et ne
produirait aucun lien de droit. Dès lors le mandant
ne poursuivrait pas efficacement le mandataire pour
inaccomplissement de sa mission ; de son côté le
mandataire, loin d'avoir une action pour répéter du
mandant ses frais et dépenses, serait le plus souvent
punissable, s'il avait exécuté le prétendu contrat.
Le mandant pourrait aussi encourir une peine
comme complice du fait.

Est *relative* l'impossibilité qui ne tient qu'au rapport juridique de l'objet avec les contractants. L'affaire doit être de telle nature, que le mandant puisse la faire lui-même, et le mandataire y procéder.

Quant au mandant, le principe s'impose. Du moment qu'il est censé traiter, par l'entremise du mandataire, la logique nous force à requérir dans sa personne la faculté légale de faire par lui-même l'opération dont il confie le soin à un autre; *qui mandat ipse fecisse videtur.* Ainsi je ne puis pas vous donner mandat d'acheter pour moi ma maison: car on n'achète pas sa propre chose. Serait également nul le mandat donné par un tuteur d'acheter pour lui les effets de son pupille (art. 450, 1596); le mandataire pourrait se dispenser de l'exécuter, afin de ne pas se rendre complice d'une injure à la loi. Mais s'il l'avait exécuté, nous croyons qu'il en devrait rendre compte; et le mandant serait tenu de rembourser les sommes dont le mandataire aurait fait l'avance pour accomplir le contrat.

Quant au mandataire, si l'affaire n'est pas de telle nature qu'il y puisse procéder, le mandat est *negatorium, derisorium*, et ne fait naître aucune obligation. Ainsi, dans le droit romain, je n'aurais pas donné valablement à un muet mandat de stipuler pour moi, puisque la stipulation exigeait l'emploi de certaines paroles articulées. Chez nous, avant l'abolition de la mort civile, je n'aurais pu charger une personne morte civilement de me représenter en justice, parce que la demande et la défense lui étaient également interdites, et qu'il aurait eu besoin pour lui-même du ministère d'un curateur nommé par le juge de la cause (art. 25). Si je donne mandat à quelqu'un d'acquérir sa propre chose, le mandat est nul pour un motif déjà signalé ; mais en est-il de même, si je charge l'un des co-propriétaires d'une chose indivise de s'en rendre adjudicataire pour moi sur la licitation qui en est faite ? Le mandataire peut soutenir *benigne juris ratione* que le mandat est valable pour le tout, et par conséquent même pour sa part. Enfin je ne devrais pas non plus donner mandat à un tuteur d'acheter pour moi les biens de son mineur, sur la vente qui est opérée par ordre de justice à la poursuite des créanciers ou pour payer des dettes (art. 459) ; car le tuteur ne représenterait plus le mineur avec assez d'efficacité. Ces exemples seraient multipliés sans peine.

Nous grouperons toutes les hypothèses analogues sous le principe suivant: le mandat est nul, si l'affaire est de telle nature qu'à raison d'une circonstance ou d'une qualité particulière à l'un des contractants, elle lui soit légalement impossible.

Mais ne sommes-nous pas en désaccord avec nous-même ? N'avons-nous pas dit *supra*, des qualités

essentiell, aux suj.) qu'on peut choisir un incapable pour mandataire ? et ne semblons-nous pas
demander maintenant la capacité ? Non, la con-
tradiction n'est qu'apparente. Car nous venons de
poser une règle de sens commun qui n'a point de
relation avec la capacité de contracter. Elle s'applique indifféremment au mandataire capable ou
incapable, parce qu'elle se justifie dans tous les
cas par des considérations relatives à l'objet, rien
qu'à l'objet du contrat, et nullement puisées dans
la théorie générale de la capacité. En veut-on la
preuve ? Si quelqu'un ne peut être chargé d'acheter
sa propre chose, c'est qu'il jouerait dans l'opération le double rôle de vendeur et d'acheteur, ce
qui répugne à la nature des contrats; mais y a-t-il
rien de semblable dans le mandat que je donne
valablement à un mineur ? Si le tuteur ne peut
recevoir mandat d'acheter les biens du pupille,
c'est que le double caractère de protecteur et d'intéressé, de surveillant et de surveillé serait
empreint dans sa personne, ce qui blesse les principes rationnels de la tutelle. On voit donc que les
conditions de capacité requises dans le mandat et
dans le mandataire ne font pas double emploi avec
les conditions de possibilité requises dans l'objet
du mandat. Il nous était facile de les séparer, et
nous avons cru le devoir faire.

Quand l'objet du mandat réunit ces diverses qualités essentielles, tout sera-t-il dit ? Il faut encore aller plus loin.

III. — 1° *L'affaire ne doit pas concerner le seul intérêt du mandataire.* Autrement le mandat ne serait qu'un *conseil* qui ne lierait personne. Par exemple, vous ai-je dit de prêter votre argent à intérêt plutôt que de l'employer en acquisition d'immeubles ? Je ne serai pas responsable des prêts que vous aurez faits, et vous ne serez pas obligé de les faire. Il en est de même de la *recom-mandation* d'une personne; elle ne m'oblige pas plus que le conseil, lo.s même que vous auriez fait quelque dépense en faveur de la personne recom-mandée ; *verba aut scripta commendititia non inducere obligationem mandati* (fr. 12, *mandat.*). Si je vous écris que vous pouvez confier de l'argent à Pierre, que Pierre est un honnête homme, digne de bienveillance, et d'ailleurs solvable, il ne résulte pas de là que je vous donne mandat de lui faire un prêt ni que j'entende m'obliger; l'obligation ne se présume pas. Et me fussé je trompé sur la solvabilité de Pierre, je ne répondrais pas davantage du prêt. Est il nécessaire d'excepter les cas de faute grave ou de dol? Cette exception va de soi. Les suites d'un conseil ou d'une recommandation donnée par esprit de fraude retomberaient justement sur moi; si je connaissais l'insolvabilité de Pierre au moment où je vous recommandais de lui faire un prêt, cette circonstance me rendrait certainement responsable, en vertu du principe de morale et de droit, que tout préjudice provenant d'un fait doit être réparé par l'auteur de ce fait (art. 1382).

2° Il est donc nécessaire que l'affaire ne concerne pas seulement le mandataire; mais faut-il qu'elle concerne le mandant, ou peut-elle ne concerner qu'un tiers ?

On admet que le mandat peut n'intéresser qu'un tiers, par exemple, si je vous charge d'acheter une maison pour Pierre, de gérer ses affaires, de le cautionner, etc. Mais nous sentons le besoin de montrer la véritable portée de cette doctrine; des auteurs respectables nous semblent l'avoir mal interprétée. Ici naît, en effet, une difficulté déjà signalée aux Institutes, § 3, *hoc titulo*. Comment conciliera-t-on le mandat donné pour le seul avantage d'un tiers, avec l'axiome célèbre qu'il n'y a pas d'action sans intérêt? Le mandant n'a pas d'intérêt, on le suppose, à ce que le mandataire exécute ce qu'il l'a chargé de faire pour un tiers; le manda_taire ne peut-il donc pas négliger impunément sa mission (art. 1119-1120)? Remarquons d'ailleurs que si le mandataire prend ce dernier parti, son obligation, comme toute autre obligation de faire non exécutée, ne doit en tout cas se résoudre qu'en dommages-intérêts envers le mandant; mais les dommages-intérêts, que représentent-ils, sinon la perte éprouvée et le gain manqué, *damnum emergens et lucrum cessans?* Or l'inaccomplissement du mandat que j'ai donné dans l'intérêt d'un tiers ne me prive d'aucun bénéfice et ne me fait souffrir aucune perte.

On a proposé plusieurs solutions de ce problème. Pothier est d'avis *(du mandat, n° 17)* que, par le seul fait de donner mandat à Pierre d'agir pour l'avantage de Paul, je gère les affaires de celui-ci, et si cet acte de gestion est nécessaire ou seulement utile à la conservation ou à l'amélioration de sa fortune, tout se passera comme s'il avait lui-même donné le mandat; car il est de principe que les actes de gestion utilement faits sont censés émaner de la personne qui en a profité. Par conséquent, c'est Paul qui aura l'action directe de mandat contre Pierre; c'est contre Paul, et non contre moi, que Pierre aura l'action contraire. Et comme en chargeant Pierre d'une affaire pour l'avantage de Paul j'en deviens moi-même chargé envers Paul, j'ai donc intérêt que Pierre m'en rende compte au besoin. Mais en demandant compte, je ne ferai que continuer la gestion commencée en donnant mandat, et le bénéfice de ma poursuite contre Pierre appartiendra certainement à Paul, si je n'ai déjà réparé le préjudice qu'a pu lui causer mon acte de gestion.

Cette théorie de Pothier nous laisse bien à penser. Qu'elle soit exacte au cas où, gérant déjà les affaires de Paul, je donne à Pierre mandat de faire un acte qui rentre dans ma gestion, personne ne le niera ; Pierre est alors obligé vis-à-vis de moi, parce que j'ai moi-même un réel intérêt à l'exécution du mandat. Qu'elle soit également exacte au cas où Pierre aurait exécuté le mandat que je lui aurais donné sans être déjà en gestion, nous ne le contesterons pas davantage; car Pierre, du fait de l'exécution, aurait acquis contre moi l'action *mandati contraria*, et par réciprocité j'aurais l'action *mandati directa*; en outre il est bien évident que j'ai fait alors un acte de gestion pour autrui par l'intermédiaire d'un mandataire, et qu'à ce titre je suis intéressé à lui demander compte. Dans ces hypothèses et autres analogues, nous reconnaissons une force obligatoire au mandat établi *aliena gratia*, parce que l'intérêt du mandant arrive à s'y trouver nécessairement impliqué.

Mais la doctrine de Pothier dépasse ces quelques cas particuliers, et nous avons le droit de la juger trop générale. Il nous semble inexact d'affirmer que, par le seul fait de donner mandat à quelqu'un d'agir pour un tiers, je m'oblige envers ce tiers; en effet, je ne touche pas encore à ses affaires, et je n'y aurai nullement touché si le mandat ne reçoit pas d'exécution. Pothier me suppose d'abord obligé vis-à-vis du tiers, parce que j'ai chargé quel

qu'un d'agir pour ce tiers; et c'est de mon obligation supposée qu'il fait dériver pour le mandataire
celle d'exécuter le mandat. Ce raisonnement n'est
qu'un pur sophisme; Pothier prend l'effet pour la
cause. Le mandataire qui n'a point exécuté le mandat, et que je veux poursuivre pour ce motif, me
répondra que le tiers n'a rien à me demander,
puisque je n'ai pas géré ses affaires; or si le tiers
n'a rien à me demander, je n'éprouve donc aucun préjudice de l'inexécution du mandat, et
comme je suis sans intérêt, je dois être sans
action; l'intérêt de pure affection n'est généralement d'aucune considération en droit. Au surplus
le tiers n'aurait pas davantage le moyen de forcer
mon mandataire à s'exécuter; car notre convention
lui est restée étrangère, et l'on ne peut tirer une
action du contrat d'autrui, sauf les exceptions spé-
cifiées par la loi (art. 1121 et 1165). En conséquence
nous croyons, malgré l'opinion de Pothier, qu'un
mandat intervenu dans l'intérêt d'un tiers, et non
exécuté, n'aurait aucune sanction. Nous repoussons
avec la même énergie une distinction proposée par
Mourlon, tom. III, *hic*; que j'entende acquérir pour
moi le droit aux dommages-intérêts en cas d'inexécution, ou que j'entende l'acquérir pour le tiers, le
mandat tombe sous le coup des mêmes arguments.
Nous laissons en dehors de notre conclusion le
mandat établi dans l'intérêt d'un tiers, mais affecté

d'une clause pénale au profit du mandat; cette exception va sans dire, puisqu'elle nous ramène aux principes généraux en créant immédiatement un intéiêt pour le mandant.

D'ailleurs il ne faudra pas s'en tenir aveuglément aux termes du contrat. Bien que le nom d'un tiers s'y trouve seul mentionné, il résultera quelquefois des circonstances que le mandant est véritablement intéressé à ce qu'on l'exécute; nul doute alors que le mandataire n'encoure des dommages-intérêts pour y avoir manqué.

3° Dans ces termes, et sous la condition que le mandat ne sera donné ni pour l'avantage du seul mandataire, ni pour l'avantage exclusif d'un tiers, nous n'avons pas à requérir d'autres qualités essentielles dans l'objet du contrat. Ainsi le mandat peut s'établir, ou dans l'intérêt du mandataire, ou du mandant et d'un tiers, ou du mandataire et d'un tiers. Le mandant est seul intéressé, par exemple, lorsqu'il charge quelqu'un de lui acheter un fonds, de gérer ses biens, etc. L'utilité du contrat est commune au mandant et au mandataire, lorsque le premier charge le second de prêter à intérêt une somme à quelqu'un qui doit employer cet argent pour les affaires du mandant, etc. Le mandant et un tiers tirent profit du mandat, lorsque je vous charge d'administrer des biens dont je suis propriétaire par indivis, ou de nous cautionner, un tiers et moi, à raison d'une dette que nous supportons ensemble, etc. Enfin le mandat est utile au mandataire et à un tiers lorsque le mandataire reçoit mission de faire un prêt à intérêt, etc.

Telles sont les conditions indispensables à l'objet du mandat. Facilement déterminable, naturellement et légalement possible aux parties, non exclusif au mandataire, voilà ce qu'il doit être, sous peine de nullité pour la convention. En traitant de ces diverses manières d'être requises dans l'objet et des règles particulières à la capacité des contractants, nous avons indiqué tout ce qui est de l'essence du mandat.

§ II. — *Caractères naturels du mandat.*

Le contrat de mandat, formé des éléments que nous venons d'étudier, et prouvé comme nous l'avons dit en commençant, présente les caractères suivants:

1° *Ce contrat est, de sa nature, à titre gratuit* (art. 1986). Il est superflu d'exprimer que cette gratuité n'exclut aucunement le droit du mandataire à devenir indemne des frais et des avances qu'il a pu faire dans l'intérêt du mandant.

Le mandant est donc un contrat de bienfaisance. Comme on l'expliquait dans les travaux préparatoires du Code, la gratuité vient de ce que le mandat est un office de l'amitié. C'était déjà la conception du droit romain; mais cette législation, nous l'avons vu, fit du mandat un acte *essentiellement* gratuit; la convention d'un prix l'aurait transformé en un louage ou en un contrat innomé, selon que le prix aurait consisté en argent ou en autre chose.

Chez nous, le mandat ne perd pas son existence propre et ne dégénère pas en louage d'ouvrage ou d'industrie, par le seul motif qu'il y est inséré une clause intéressée; car le Code, tout en déclarant le mandat gratuit, autorise expressément la stipulation d'un salaire. Par conséquent notre loi verrait toujours un mandat dans certaines conventions qui n'avaient pas ce titre en droit romain; ainsi je vous charge de vendre un bijou au prix de mille francs, en ajoutant que si vous le vendez plus cher, le surplus sera pour vous; à Rome, c'eût été là un contrat innomé, tandis que chez nous il y a mandat évident (en ce sens Troplong, n⁰ˢ 160 et 162).

Le Code n'exige pas même une clause formelle pour rendre le mandat salarié ; cette clause peut être sous-entendue. Dans quel cas l'est elle ?

En thèse générale, quand je charge quelqu'un de faire pour moi un acte de sa profession, par exemple, quand je charge un avoué de me représenter en justice, un avocat de plaider ma cause, le mandat est à titre onéreux, et je dois le salaire réglé par l'usage ou par la loi. Pour les actes et services qui ne rentrent pas dans l'exercice ordinaire d'une profession, le juge appréciera les faits. Mais ils devront être tels que l'intention de payer un salaire en résulte nécessairement pour le mandant, et pour le mandataire l'intention de le recevoir.

Supposons maintenant que, par l'effet d'une clause de salaire expresse ou sous-entendue, le mandat soit à titre onéreux; il devient difficile de le distinguer du louage d'industrie ou de services. A quel signe reconnaîtrons-nous que le contrat doit se nommer mandat ou louage? Or à cette différence de noms correspond une différence d'effets; ainsi : 1° le mandat finit par le décès ; 2° le mandataire, *rebus adhuc integris*, peut se désister sans être tenu de dommages-intérêts ; 3° le mandant peut révoquer le contrat; 4° les mandants sont obligés solidairement dans une affaire commune, etc. Rien de pareil dans un louage d'industrie ou de services. Il y a donc un assez grand intérêt pratique à distinguer ces deux genres de conventions.

Dans la pensée de M. Troplong (n° 199), il faut examiner si la bienfaisance est le principe et la cause impulsive d'un acte ou d'une profession. L'est-elle en effet ? Alors les services qui en découlent se réfèrent au contrat de mandat ; on ne les paye pas d'un salaire, on les rétribue, on

les reconnaît, on les récompense par un honoraire.
Mais s'ils ont le lucre pour cause impulsive, on les
rapporte au contrat de louage. Cette doctrine,
vague et flottante, ne serre pas d'assez près la
difficulté.

Selon d'autres auteurs (Durant. tom. 18, n° 197),
les tribunaux devront, en l'absence de toute preuve
écrite, se décider à raison des circonstances, c'est-
à-dire, prendre en considération la nature de
l'affaire, la qualité des personnes, les rapports qui
existaient précédemment entre elles ; par exemple,
on prononcera que la convention est un louage,
dans tous les cas où il s'agira d'un travail manuel,
v. g. si je charge un menuisier de me faire une
table, un lit, avec du bois que je lui fournis, et
moyennant un certain prix. Au contraire, si je
charge quelqu'un de me représenter dans une faillite, d'acheter ou de vendre pour moi, en lui promettant une somme rémunératrice de ses peines,
il y aura là un mandat. Ce deuxième système n'é -
chappe pas au reproche d'indécision que méritait le
premier ; en outre, de l'aveu même de ses auteurs (Duranton, *hic,*) il tient plus à nos mœurs
qu'à nos lois.

On l'a transformé en une théorie plus nette et
plus ferme. Il y a mandat, avec ou sans salaire, dit-
on, toutes les fois qu'une personne accepte pouvoir
de faire un acte juridique, comme une vente, un

achat, un emprunt, pour une autre personne qui l'a constituée son représentant. Où ce pouvoir manque, il n'y a pas de mandat ; alors la stipulation d'un salaire en retour du service à rendre fait de la convention un louage d'industrie ; s'il n'y a pas de salaire stipulé, c'est un contrat innomé. Par conséquent, mon avoué, mon huissier, mon avocat, sont mes mandataires, puisqu'ils parlent juridiquement en mon nom et me représentent. Au contraire, le médecin qui me soigne, le précepteur qui élève mes enfants, le notaire qui dresse acte de mes conventions avec les tiers, ne sont point mes mandataires, puisqu'ils agissent en leur nom et ne me représentent pas, au sens juridique du mot ; la convention intervenue entre eux et moi, et affectée d'une clause expresse ou tacite de salaire, n'est qu'un louage d'industrie. Ce système, séduisant par sa manifeste logique, s'appuie d'ailleurs sur des arguments solides : 1º aux termes de l'art. 1984, le mandataire est la personne chargée d'agir ou de parler au nom d'une autre personne qu'elle représente; 2º l'art. 1999 admet le mandat salarié, sans distinguer si le salaire promis est, ou non, modique en comparaison du service à rendre ; 3º si telle n'eût pas été la pensée du législateur, s'il eût voulu fonder la distinction du mandat salarié et du louage sur la différence des positions sociales, et non pas seulement sur la nature juridique des services rendus, il aurait dû nous donner une classification des professions libérales ; or il ne l'a pas donnée ; donc il ne s'est pas mis à ce point de vue et ne s'est point préoccupé de la distance qui sépare ces professions des autres métiers moins nobles.

Voilà bien, dans sa force et dans sa rudesse, la seule doctrine véritablement scientifique. Il nous répugne néanmoins de l'accepter telle quelle, et nous trouvons dans les Répétitions écrites de Mourlon (tome 3, *hic*) la première trace d'une correction qui nous paraît très-juste. Nous admettons volontiers, avec cet estimable auteur, que les médecins, professeurs et généralement tous ceux qui travaillent en leur nom, moyennant un salaire, pour une autre personne, ne sont pas des mandataires ; mais que sont-ils donc alors ? A ne considérer que la surface des choses, il semble nécessaire do les comprendre dans les termes de l'art. 1779 qui énumère les principales espèces de louages d'ouvrage et d'industrie ; mais quoi ! cet article a-t-il prévu tous les services que l'homme peut rendre à l'homme ? Gens à gages et domestiques, voituriers par terre ou par eau, entrepreneurs de travaux par suite de marchés ou devis, c'est tout ce qui l'occupe. En conscience, y a-t-il place dans l'une ou dans l'autre de ces catégories pour les personnes qui donnent les fruits de leur intelligence en échange d'une rémunération pécuniaire : Un médecin est-il un entrepreneur de travaux ? Confondrons-nous les professeurs avec les gens à gages ou les domestiques ? Non, science et dévouement ne seront jamais choses de louage. Nous pensons avec Mourlon qu'il y a une lacune dans la loi. Au titre du *louage*, on a réglé les services manuels ou subalternes ; au titre du *mandat*, on a réglé la convention par laquelle une personne se charge de parler ou d'agir au nom d'une autre personne qui a fait d'elle son représentant. Quant au contrat qui met en œuvre pour nous un esprit cultivé, sans lui demander aucun acte juridique, la loi n'en a pas traité ; on ne peut donc le nommer ni mandat, ni louage ; c'est un contrat innommé. Par là nous voyons que si la théorie généralement acceptée ne pèche point par la base, du moins laisse-t-elle à désirer des résultats plus complets. Elle nous paraît exacte, en ce sens qu'elle règle convenablement tout ce qu'elle a prévu ; mais à notre avis on la fausse en la mélangeant d'éléments qui n'y doivent pas entrer.

II-III-IV. — Le contrat du mandat a d'autres caractères que nous mettrons en pleine lumière par l'examen de ses effets. Il est *synallagmatique imparfait*, ce qui signifie qu'au moment de sa formation, une seule des parties se trouve obligée, c'est le mandataire ; l'obligation du mandant ne prendra naissance que *ex post facto*, si le mandataire fait des impenses pour l'exécution du contrat. Mais lorsqu'une clause de salaire est incluse dans le mandat, il devient synallagmatique parfait. Quoique synallagmatique, le contrat de mandat n'est pas soumis à la formalité des actes faits en double (art. 1985).

Le contrat de mandat est encore *personnel*, c'est-à-dire fondé sur la mutuelle confiance que des parties ont l'une dans l'autre, et *révocable*, c'est-à-dire qu'un changement de volonté du mandant suffit à le dissoudre.

Ces divers traits, nous le répétons, ressortiront plus nettement par la suite, et nous n'y insistons pas davantage en ce moment.

CHAPITRE III

Effets du mandat

Tel qu'il résulte de la combinaison des éléments que nous avons pris soin d'examiner, et marqué de ses caractères naturels, le mandat a des effets importants. Mais ces effets se produisent dans une sphère plus ou moins large, suivant que les contractants ont voulu donner à leur convention la grande étendue d'un mandat général, ou lui imposer les bornes plus étroites d'un mandat spécial. Il nous faut donc approfondir ces idées, avant de passer aux effets proprement dits du contrat.

§ 1. — *Limites du mandat*

Le mandat est *spécial* et pour une affaire ou certaines affaires seulement, à moins qu'il ne soit *général* et pour toutes les affaires du mandant (art. 1987,1988,1989).

D'après certains auteurs, il faudrait prendre ces définitions à la lettre. Ainsi le mandat donné pour vendre les biens que j'ai dans tel département, ou même en France, serait un mandat spécial ; car il n'est pas donné par toutes mes affaires, et je peux avoir des biens ailleurs qu'en France. On en dirait autant du mandat de suivre tous les procès que je peux avoir; car il n'enferme pas autre chose que mes procès (Duranton tome 18, par. 227).

D'après d'autres jurisconsultes, il y a mandat général, lorsque le mandataire est autorisé à faire toutes les affaires prévues ou imprévues qui se rattachent à sa mission, alors même que cette mission n'aurait qu'un seul objet, par exemple, de faire le commerce à la place du mandant. Ainsi la jurisprudence a qualifié de général le mandat de représenter dans toutes les affaires que le mandant peut avoir devant les tribunaux. On cite aussi comme exemple de mandat général le cas où, maître de deux commerces, l'un à Paris, l'autre en Amérique, je confie à quelqu'un le soin de conduire mon commerce de France, tandis que je vais présider moi-même à mon commerce d'outre-mer. C'est de cette façon que le mandat général est entendu par de jurisconsultes recommandables · (V. Dalloz, *hic*; Troplong, n° 274 ; Delam. et Lepoitv. tome 2, n° 87). Nous accédons à leur opinion, d'autant plus volontiers qu'elle nous paraît cadrer mieux avec les limites assignées par la loi au mandat spécial et général.

Limites du mandat spécial. — Constatons d'abord qu'il est des hypothèses où la loi n'admet que le mandat exprès et spécial. Nous en citerons quelques-unes. Le mandataire ne peut, sans un pouvoir de ce genre : 1° aliéner, hypothéquer ou faire quelque autre acte de propriété, ni par conséquent transiger et compromettre (art. 1988-1989); 2° former une plainte au criminel (art. 31, *Cod. Inst. crim.*); 3° représenter dans les délibérations un membre du conseil de famille (art. 412); 4° faire aucunes offres, aucun aveu, donner aucun consentement (art. 352, *Cod. proc.*). Un autre exemple s'en trouve à l'art. 639, Cod. comm. Il est d'autres cas où la loi, tout en exigeant un mandat exprès, ne prescrit pas qu'il soit spécial et se contente d'une procuration générale; nous mentionnerons l'art. 933 Cod. civ.; de même le mandataire chargé de consentir hypothèque sur tous les biens du mandant serait dispensé d'exhiber un mandat spécial pour tel ou tel de ces biens.

En ce qui concerne l'étendue d'un mandat spécial, le principe est facile à poser. *Le mandataire ne pourra faire que l'acte ou les actes spécifiés dans la procuration.* Si le mandat est non écrit, les tribunaux ont une autorité souveraine pour en apprécier l'étendue; ils doivent dès lors apporter dans cette appréciation un respect tout particulier de l'intention des parties; c'est ce qui a été reconnu à plusieurs reprises par la Cour de cassation.

1° Le mandataire ne doit rien faire au-delà de ce qui est porté dans son mandat (art. 1989). Ainsi le pouvoir de transiger ne renferme pas celui de compromettre; il est bien clair, en effet, que terminer un procès par son propre jugement, et le soumettre au jugement de tiers arbitres sont deux actes tout différents que le mandataire ne peut confondre sans dénaturer son mandat.

Tout ce qui dépasse les pouvoirs du mandataire est nul et non obligatoire pour l'autre partie. Le mandant peut même avoir une action contre le mandataire; c'est lorsque ce dernier est tout-à-fait sorti de sa mission, v. g. lorsque chargé d'acheter telle maison, il en a acheté telle autre. Dans ce cas les tiers n'auront aucune action contre le mandant; mais en auront-ils une contre le mandataire ? Il faut ici faire une distinction. Si le mandataire avait donné au tiers une connaissance suffisante de ses ouvoirs, on ne pourrait le poursuivre, à moins qu'il ne se fût porté fort ou rendu garant de quelque autre manière; si le mandataire n'avait pas fait connaître ses pouvoirs, on pourrait le poursuivre, lors même qu'il ne se serait porté fort en aucune façon (art. 1119, 1120, 1997 *comb.*).

2° Le mandataire ne doit pas davantage rester en deçà du mandat; l'accomplissement partiel ou insuffisant équivaut à l'inaccomplissement. Car le mandant a souvent le plus grand intérêt (surtout dans le commerce, où l'exactitude est une condition du crédit) à recevoir toute la chose demandée et rien que celle-là; il serait fondé à répudier une opération incomplétement faite, puisqu'elle ne lui permettrait pas d'atteindre son but. Serait insuffisante l'exécution qui ne procurerait au mandant qu'une chose de qualité inférieure à la qualité demandée.

3₀ Le mandataire ne doit pas non plus négliger les circonstances extrinsèques, ni s'écarter du mode d'exécution fixé dans le contrat. Nous ferions exception à cette règle : 1o lorsque le mandataire a été dans l'impuissance radicale d'exécuter le contrat *in forma specifica* par les moyens indiqués, et qu'il est à présumer que si le mandant avait connu l'empêchement, il aurait accepté l'exécution par équipollents (Tropl. n. 311) ; 2o lorsque le mandant a obtenu le résultat qu'il désirait ; cette exception est tirée de la loi LXII, § 1, *mandat.* et reproduite par Casarégis, Disc. 198, n. 13 ; par exemple, quand vous me chargez de vous procurer une somme d'argent auprès d'un tiers que vous me désignez, vous ne serez pas moins tenu de recevoir cette somme, quoiqu'elle ait été fournie par un autre, en supposant qu'on ne vous impose pas des conditions plus dures; c'est ce qu'approuve M. Troplong (n° 313), et cette décision doit être suivie, à moins que la procuration n'ait des termes absolument limitatifs, ou qu'il n'existe quelque inimitié entre le mandant et le prêteur.

Du reste, si la procuration, au lieu d'être claire et précise sur le mode d'exécution, laisse au mandataire quelque latitude, ce doute s'interprète contre le mandant ; c'est lui qui a dicté la loi, et il était maître de ses expressions. Il sera sage en tout cas au mandataire de prendre le parti qui exagère le moins la portée du mandat.

4° Certains actes sont virtuellement compris dans le mandat spécial, comme antécédents, conséquents et compléments ; ce n'est point aller au-delà de la procuration que de les faire. On reconnaît, entre autres exemples, que le pouvoir de vendre des objets mobiliers donne qualité pour toucher le prix, surtout dans les ventes au comptant (Delam. et Lepoitv. *tome* 2, n° 110). L'importance ou le prix élevé de l'objet, ainsi que la présence du mandant sur les lieux, feraient déroger à cet usage, moins généralement admis pour les ventes d'immeubles.

Il peut d'ailleurs s'élever, à propos des pouvoirs virtuellement compris dans le mandat spécial, une foule de questions d'espèces et de controverses particulières que les juges auront à résoudre en fait plutôt qu'en droit. En indiquant les principes, nous avons donné la clef de ces difficultés, et notre tâche se borne là.

L'étendue d'un mandat spécial se détermine quelquefois par la fonction habituelle au mandataire ; c'est ce qui arrive à l'égard des commis-voyageurs (Deluca, *de cambiis*, disc. 13, n° 6-7 ; Tropl. n° 327).

Limites du mandat général. — Si la notion théorique des pouvoirs inclus dans un mandat spécial s'acquiert sans trop de peine, il en est autrement du mandat général. Ce point ne laissait pas que d'être épineux en droit romain, et notre ancienne jurisprudence en avait fait le siège d'interminables discussions. Le Code les a tranchées d'un seul coup : *tout mandat conçu en termes généraux n'embrasse que les actes d'administration* (art. 1988) ; pour établir avec une évidence plus lumineuse encore que le mandat général n'emportera pas désormais le pouvoir de faire des actes de propriétaire, le législateur ajoute une disposition qui est déjà connue : *s'il s'agit d'aliéner. ou hypothéquer, ou de quelque autre acte de propriété, le mandat doit être exprès* (eod.).

Ce droit moderne est sage et bon. Si le maître en établissant un mandat général, voulait y comprendre la faculté d'aliéner ou hypothéquer ses biens, il manifesterait expressément son intention sur des objets d'une telle importance. Qu'il fasse donc une déclaration formelle. Ainsi la porte est fermée aux équivoques, aux surprises, aux erreurs.

Les savants annotateurs de M. Zachariæ (Aubry et Rau, tome III, *hic*, en note) enseignent qu'il ne faut pas confondre le mandat général avec ce que l'art. 1988 appelle un mandat conçu en termes généraux, qu'un mandat spécial peut être conçu en termes généraux, et qu'un mandat conçu en termes généraux n'est pas nécessairement un mandat général, lors même qu'il aurait été donné pour toutes les affaires du mandat. Nous avouons n'entendre pas grand'chose à ces distinctions trop subtiles. Remarquons, au surplus, que l'art. 1988 a bien en vue le mandat général déjà visé par l'art. 1937; il a pour but de mettre fin à la controverse qui roulait sur l'interprétation des procurations générales *simpliciter* ou *cum libera*, et nous invoquons en ce sens l'opinion du Tribunat à qui est dû cet article (Locré, tome XV, page 227).

Le mandat général ou conçu en termes généraux ne comprend que les actes d'administration; mais il les comprend de droit, comme s'ils avaient été autorisés expressément. Il est à peine utile de faire observer qu'une procuration, générale dans ses termes, peut conférer spécialement certains pouvoirs au-delà de la simple administration; le mandataire est alors capable d'accomplir ces actes, parce que la procuration générale n'exclut pas un mandat spécial.

En dehors de cette hypothèse, où sera la mesure d'une procuration générale? La loi ne l'indique nulle part, et le juge devra la fixer lui-même, en se guidant sur les principes ordinairement appliqués en matière d'administration. Nous signalerons à ce sujet deux règles, un peu vagues, mais d'une pratique facile: 1° *La première est négative ;* puisque la loi n'accorde pas au mandataire général, par la seule vertu d'un tel mandat, le pouvoir d'aliéner, hypothéquer et de faire les actes de propriété, nous devons tenir qu'il ne peut pas exercer les actions immobilières, ni y défendre, ni moins encore y acquiescer, ni transiger, ni déférer, ni prêter le serment, ni compromettre, ni faire des échanges de fonds, ni cautionner les tiers pour le mandant, ni disposer par donation, ni faire remise d'aucun droit hypothécaire ou autre, ni renoncer au bénéfice d'une prescription acquise, etc. etc; car tous ces actes ne sont pas d'administration; mais de propriété. Au dessous de neuf ans, les baux se rapprochent des actes d'aliénation; ils ne peuvent donc être consentis par le mandataire général (arg. art. 1429). Cependant il faut remarquer que l'aliénation ou la constitution d'un droit réel est quelquefois un acte d'administration, et qu'elle devient alors accessible au mandataire général; telle serait la vente de récoltes ou d'autres meubles sujets à dépérissement (Pothier, n° 160). Il peut aussi recevoir ce qui est dû au mandant et en donner quittance (id. n° 150); Pothier enseigne même qu'il peut décharger les débiteurs pour d'autres obligations que ces débiteurs ou des tiers contractent au lieu des anciennes, à la condition que la novation soit utile au mandant (loi XX, § 1 *de novat.*). — 2° *La seconde règle est positive*; puisque le mandataire général a pouvoir d'administrer, on doit lui permettre tous les actes communément déclarés de simple administration. L'énumération en serait fastidieuse et presque impossible. Mais le principe est certain et l'on trouve dans le Code civil, au titre de la tutelle, du contrat de mariage, etc. maintes dispositions qui font suffisamment comprendre ce que le législateur entend par actes d'administration. Notons seulement que les circonstances extrinsèques seront ici d'un grand poids; le devoir des tribunaux consistera surtout à considérer l'espèce, à peser les termes, à scruter les intentions.

Sous le bénéfice de ces observations préliminaires qui nous ont appris à distinguer le mandat général et le mandat spécial, nous allons étudier les effets proprement dits du mandat.

§ II. — *Effets du mandat entre les contractants*

Le contractant immédiatement obligé, c'est le mandataire; nous commencerous donc cette importante section par l'examen des obligations du mandataire.

Obligations du mandataire. — Le mandataire doit: 1. exécuter le mandat dont il s'est chargé ; 2° y mettre de la bonne foi et y apporter les soins d'un bon père de famille ; 3° rendre compte de sa gestion.

1. — L'art. 1991 du Code civil est ainsi conçu : « Le mandataire est tenu d'accomplir le mandat tant qu'il en demeure chargé, et répond des dommages intérêts qui pourraient résulter de son inexécution. Il est tenu de même d'achever la chose commencée au décès du mandant, s'il y a péril en la demeure » Cet article est le développement du principe rappelé par Pothier, n° 38 : *contractus ab initio sunt voluntatis postea necessitatis.*

En quoi consiste réellement cette première obligation du mandataire ? Il doit consommer entièrement l'affaire qui lui a été confiée, avec toutes ses dépendances nécessaires. Et l'exécution doit se faire dans le sens où le mandat a été donné. Si le mandataire a dépassé les termes du mandat, l'opération peut rester à sa charge. Au point de vue inverse, il ne répond pas uniquement de l'inexécution totale du mandat, mais encore de l'inexécution partielle ; par exemple, quand j'ai chargé quelqu'un de toucher pour moi le capital d'une créance avec 'es intérêts, et qu'il a seulement reçu le capital en donnant décharge pure et simple ou, ce qui revient au même, en remettant le titre au débiteur, il est responsable envers moi des intérêts que je ne peux plus exiger (art. 1908). Enfin la loi impose au mandataire le devoir de continuer l'exécution qu'il a commencée.

Quelquefois il arrivera que ces diverses obligations ne soient pas accomplies, sans qu'il y ait de la faute du mandataire. Nous laissons de côté le cas où le mandataire, par une clause du contrat, était reconnu maître de l'exécuter ou non Mais nous trouverons sans peine de véritables exceptions. Ainsi, toutes choses encore entières, le mandataire a le droit d'informer le mandant, en temps utile, qu'il ne peut conserver le mandat (Cujas, *lib.* 32 sur la loi 22 *mandati* ; Doneau, 13, C. II, n° 4 ; Tropl. n° 338). Il a également le droit, et même le devoir, de surseoir à l'exécution, lorsqu'il vient à sa connaissance un événement ignoré du mandant et qui le portera vraisemblablement à révoquer le mandat (Pothier n° 45). En troisième lieu, si le mandant ne

fait pas ce qu'il doit pour faciliter l'accomplissement du mandat, le mandataire n'est pas tenu de
l'exécuter (Tropl. n° 379; Delam. et Lepoilv. tome 2,
n° 80). Nous appellerons particulièrement l'attention
sur un cas où les principes généraux dégagent le
mandataire de toute obligation ; c'est le cas de force
majeure. Que la force majeure empêche sans retour ou paralyse seulement l'exécution du mandat,
ou porte sur le mode d'exécution indiqué sans atteindre l'objet même du contrat, ou retarde la consommation de l'affaire déjà commencée, ou mette
obstacle à la livraison de la chose, qu'importe au
mandataire ? Sa responsabilité est toujours à couvert, pourvu qu'il n'ait pas assumé les risques de la
force majeure. La preuve du cas fortuit incombe
évidemment au mandataire.

Hormis ces exceptions, et lorsque le mandataire
est en faute de n'avoir pas exécuté le mandat pour
le tout ou partie, quelles conséquences aura son infidélité ? Elle le rendra passible de dommages-intérêts, *s'il en est résulté quelque préjudice pour le mandant.* Car les dommages-intérêts ne sont rien autre
que la compensation de la perte éprouvée et du gain
manqué (art. 1149) ; comment donc y aurait-il lieu à
des dommages-intérêts, lorsqu'il n'y a ni perte ni
manque de gain ! Supposons que je vous aie chargé
de renouveler pour moi une inscription d'hypothèque; vous ne le faites pas, et mon inscription est

périmée ; votre faute ne me causera aucun dommage, s'il est établi que le renouvellement de l'hypothèque ne m'eût point assuré un rang utile; vous ne *me devrez* par conséquent aucune indemnité.

Le mandataire qui a procuré au mandant des bénéfices en certaines affaires, mais qui lui a causé par sa faute des pertes en quelques autres , ne peut compenser jusqu'à due concurrence la perte avec le gain; car il n'y a compensation possible que là où il y a créance et dette tout à la fois (art. 1289) ; or le mandataire, en procurant des bénéfices au mandant, ne devient pas son créancier, puisqu'il a pour devoir de les lui procurer. On peut encore tirer un argument d'analogie de l'art. 1850, qui repousse la compensation entre la Société et un associé, dans une hypothèse exactement semblable.

II. — Il ne suffit pas que le mandataire exécute le mandat; il doit l'exécuter de bonne foi, avec l'attention d'un bon père de famille. A Rome, la note d'infamie menaçait le mandataire déloyal ou même négligent (Cicero, *pro Cæcind*, 3). Notre loi pénale assimile aux délits caractérisés le détournement frauduleux des objets confiés au mandataire à titre de mandat (art 408, Cod. pén.). Dans le Code civil, l'art. 1992 s'exprime en ces termes . « Le mandataire répond non-seulement du dol, mais encore des fautes qu'il commet dans sa gestion. Néanmoins la responsabilité relative aux fautes est appliquée moins rigoureusement à celui dont le mandat est gratuit qu'à celui qui reçoit un salaire. »

On peut convenir que le mandataire ne sera pas tenu de ses fautes; mais on ne saurait le dispenser de répondre de son dol (Pothier, n° 50). On a même soutenu que, nonobstant toute convention contraire, le mandataire devait toujours répondre de sa négligence, et l'on s'est prévalu dans ce sens de l'art. 1628 qui, malgré la stipulation de non garantie, déclare le vendeur garant de ses faits personnels. Toutefois, entre les faits personnels dont parle cet art. 1628 et la simple négligence, nous voyons une différence bien sensible; c'est que les uns sont nécessairement positifs, tandis que l'autre peut n'être que négative.

Mais si le principe de la responsabilité du mandataire ne fait aucun doute, la mesure en est fort délicate à trouver. On abandonne assez généralement à la sagesse du magistrat l'appréciation de ce qu'il faut entendre par *faute*; c'est là une erreur. Nous ne contestons pas que la constatation des faits tant matériels qu'intentionnels n'appartienne au domaine souverain du juge; mais la qualification de ces faits, c'est-à-dire la décision qui prétend y voir ou n'y voir pas une faute, renferme d'après nous une question de droit sujette à la censure de la Cour de cassation. Cette question de droit est des plus épineuses. La législation romaine avait à ce propos des distinctions qui sont restées célèbres, mais dont nulle trace n'apparaît dans le Code civil. En principe, croyons-nous, il y a faute dès que le mandataire s'écarte des règles d'une prudence ordinaire et ne prend pas dans l'intérêt du mandant les précautions qu'il aurait prises pour ses propres affaires. Maintenant il est clair que ce principe ne suffit pas à tous les besoins de la justice ; il faut y admettre des nuances diverses, et tel est même le vœu du législateur, puisqu'il ordonne d'appliquer au mandataire salarié une responsabilité plus sévère qu'au mandataire gratuit.

La recherche de ces nuances fera longtemps le désespoir des magistrats et des jurisconsultes. C'est ici que revient à l'esprit le souvenir des distinctions romaines, *culpa lata*, *levis*, *levissima*, *culpa in abstracto*, *in concreto*, toutes catégories plus illusoires que réelles, et souvent insaisissables. Le Code Napoléon ne les a pas reproduites. Cependant on ne peut nier qu'il ne reconnaisse des degrés divers dans la faute ; car si dans telle hypothèse donnée le mandataire doit répondre de sa faute, parce qu'il reçoit un salaire, il est bien évident qu'il n'en devrait pas répondre au cas d'un mandat gratuit ; autrement la circonstance qu'il y a un salaire serait absolument indifférente. Objectera-t-on que le juge ne doit avoir égard à cette circonstance qu'en ce qui touche le *quantum* des dommages-intérêts, et que le mandataire est toujours, comme à Rome, responsable de toute espèce de faute par lui commise dans l'exécution du mandat ? D'abord cette objection suppose elle-même divers degrés dans la faute, ce qui est de droit naturel. Ensuite nous la repoussons en théorie; de deux choses l'une : ou le mandataire doit répondre de sa faute, ou il n'en doit pas répondre; s'il est responsable, le juge n'a plus qu'à évaluer le préjudice souffert, pour y proportionner la réparation; s'il n'est pas responsable, il n'y a lieu à aucuns dommages-intérêts. Voici donc le sens de l'art 1992 : au cas d'un mandat salarié, le juge peut déclarer le mandataire responsable de telle faute qui n'eût pas été prise en considération dans un mandat gratuit. En d'autres termes, le Code reconnaît des fautes plus ou moins graves, plusieurs degrés de fautes; ce qui est encore confirmé par les art. 804 et 1928 — 4°.

Pour ce qui distingue ces divers degrés de fautes, la loi n'en dit rien. Dans ce silence, au milieu de l'infinie variété des espèces, le juge n'aura que sa conscience pour guide; voilà notre avis. Peut être sera-t-il sage d'appliquer *in abstracto* la responsabilité du mandataire salarié, c'est-à-dire en faisant abstraction du plus ou moins de diligence qu'il a mis dans la gestion de ses propres affaires, et en prenant pour type la conduite ordinaire des bons pères de famille. Au contraire, il faudrait apprécier *in concreto* la responsabilité du mandataire gratuit ; il serait donc excusable, s'il avait apporté dans le mandat autant de soins qu'à ses propres affaires, et moins que n'en aurait montré un père de famille plus habile ou plus diligent. Dans l'un et dans l'autre cas, le mandataire ne répondrait pas de la faute très-légère, de la faute qu'aurait pu commettre un père de famille d'une intelligence et d'un zèle moyens ; dans l'un et dans l'autre cas, il répondrait de la faute grave, et même des accidents fortuits qui en pourraient résulter.

Au surplus, nous répétons qu'il est impossible de tracer des règles rigoureusement précises à propos de la responsabilité pour fautes.

Le mandataire n'est responsable, à ce titre, que *durante mandato*. Dès que la procuration a pris fin, sa responsabilité pour les fautes qu'il peut commettre s'appréciera en dehors des considérations de salaire et de gratuité.

III. — Ce n'est pas assez pour le mandataire d'exécuter fidèlement son mandat : « Tout mandataire est tenu de rendre compte de sa gestion, et de faire raison au mandant de tout ce qu'il a reçu en vertu de sa procuration, quand même ce qu'il aurait reçu n'eût point été dû au mandant. » (art. 1993.)

Cette obligation, inhérente au mandat, est une règle de morale sanctionnée par la loi écrite. Elle ne comporte aucune distinction ; mandataires salariés et mandataires gratuits y sont également soumis. Si le mandant en dispensait le mandataire, et que rien n'impliquât l'idée d'une libéralité, nous admettrions la demande en nullité du mandat, car ce n'est que dans les actes testamentaires que les clauses contraires aux lois sont réputées non écrites.

Le mandataire ne doit compte qu'à son mandant ou à ceux qui le représentent. Lorsque le mandant vient à perdre la qualité dans laquelle il a donné mandat, par exemple, lorsque sa tutelle a pris fin, le compte ne doit pas moins lui être rendu ; la raison en est simple (Delvinc., tome 3, p. 211, not. 8) ; c'est que le compte particulier du mandataire sera l'un des éléments du compte général que le tuteur mandant .doit rendre de son administration. Nous croyons néanmoins que le créancier du compte général pourrait agir directement contre le mandataire, sauf pour celui-ci le droit d'appeler son mandant (arg. art. 1994).

Aucune formalité particulière n'est imposée au mandataire pour la reddition de son compte. Dans l'usage, il y procède par la production des pièces justificatives, telles que lettres, récépissés, factures, livres de commerce régulièrement tenus. Parfois le mandat ne laisse aucune trace d'écritures ou d'autres pièces justificatives ; alors les juges du fond auront à décider souverainement si le compte a été rendu et si la libération du mandataire en est résultée; un assez long silence du mandant fera présumer cette libération. Sauf ces hypothèses spéciales où le mandataire est censé avoir rendu compte immédiatement, l'action en reddition de compte ne se prescrit que par trente ans; aucune disposition de la loi n'infirme à cet égard le principe général de l'art. 2262.

Que doit comprendre le compte? Il doit comprendre, non-seulement la gestion personnelle du mandataire, mais encore la gestion des personnes sur qui le mandataire s'est déchargé de l'exécution pour le tout ou pour partie.

1° *Quant à sa gestion personnelle*, l'art. 1993 est précis; le mandataire est tenu de faire raison au mandant de tout ce qu'il a reçu, quand même ce qu'il aurait reçu n'eût point été dû au mandant. Et ce n'est que justice; car du moment où le mandataire a reçu pour le mandant en vertu du mandat, ce n'est pas lui, mais le mandant, qui peut être poursuivi en restitution. D'ailleurs le mandat est gratuit de sa nature, et cependant il deviendrait une cause de gain pour le mandataire, en supposant qu'il pût retenir l'indû et que le tiers n'agit pas en répétition.

Le mandataire doit aussi mettre en recette tout ce qu'il a, par sa faute, manqué de percevoir

(Pothier, n° 51; en outre, quoiqu'on ne puisse lui demander compte de ce qui a péri dans ses mains par force majeure, il est néanmoins tenu, s'il a reçu un prix ou quoi que ce soit à la place, de le remettre au mandant.

La bonne foi, qui est le plus ineffaçable caractère du contrat de mandat, défend au mandataire d'employer pour lui-même les deniers du mandant sans sa permission; en conséquence, « il doit l'intérêt des sommes qu'il a employées à son usage, à dater de cet emploi. » art. 1996. Que les sommes indûment employées soient des capitaux, ou qu'elles consistent en intérêts payés par des tiers débiteurs du mandant, l'art. 1996 demeure également applicable; car ces intérêts sont un véritable capital dans les mains du mandataire, et par suite on ne saurait regarder comme un anatocisme la production de nouveaux intérêts qui leur est attribuée. Il faut aller plus loin. Le mandataire, qui détourne à son usage les deniers du mandant, peut encourir quelquefois de plus forts dommages que les simples intérêts. Son obligation, en effet, n'est pas seulement d'une somme d'argent (art. 1153); elle est aussi de faire quelque chose. Si donc vous employez pour votre utilité la somme que je vous avais remise pour désintéresser mon créancier, vous me devrez, outre l'intérêt de cette somme, des dommages en réparation des frais occasionnés par la poursuite de mon créancier non payé. Au reste la mauvaise foi ne se présume pas, et ce serait au mandant, s'il réclamait des intérêts pour un emploi de deniers, à prouver cet emploi. — Quant aux sommes dont il est reliquataire, le mandataire en doit l'intérêt du jour qu'il est mis en demeure (art. 1996); reste à savoir en quoi consiste cette mise en demeure. Faut-il une demande en justice ? Suffit-il d'une sommation extra-judiciaire ? A ne consulter que l'art. 1153, il faudrait une demande en justice, parce que l'obligation du mandataire n'est plus maintenant que de payer une somme. Mais notre art. 1996 ne demande qu'une mise en demeure ; or, suivant l'art. 1139, une sommation extrajudiciaire ou tout autre acte équivalent emporte mise en demeure; donc le législateur a déro-gé ici au principe de l'art. 1153, comme il l'a fait en tant d'autres endroits (art. 474, 1652, etc.).

Ainsi le mandataire est assujetti à rendre un compte minutieux. Il peut néanmoins compenser, avec les sommes qu'il détient, le montant des avances nécessitées par l'exécution du mandat et reçues en compte. Cette faculté ne s'étend pas aux corps certains; il est toujours tenu de les restituer, parce que les dettes de corps certains n'entrent pas en compensation (art. 1291, 1293); cependant on lui accorde généralement le droit de les *retenir*, jusqu'à ce qu'il ait été rempli de ses déboursés, *veluti quo-*

dam jure pignoris (Poth. n⁰ˢ 58,59). Bien que cette décision ne trouve d'appui dans aucun texte, nous l'appliquons sans hésiter aux immeubles comme aux meubles; l'assentiment presque unanime des auteurs nous y autorise assez, et l'équité semble l'exiger; quand des obligations réciproques sont nées d'une même affaire, l'une des parties ne peut pas forcer l'autre à l'exécution, sans exécuter elle-même ce qu'elle doit. Il est bien entendu que le droit de rétention n'aura d'effet à l'égard des tiers, que si le mandataire se trouve dans l'un des cas privilégiés par la loi.

Ces règles sont claires et simples. On y ramène aisément toutes les circonstances du compte que le mandataire rendra de sa gestion personnelle.

2⁰ *Mais ne peut-il pas avoir à rendre compte des actes d'autres personnes?* Cette nouvelle question présente deux faces.

Il y aura quelquefois deux ou plusieurs mandataires pour la même ou les mêmes affaires. — S'ils ont été nommés par des actes différents, avec déclaration que l'acte postérieur ne révoque pas le précédent (sans quoi il n'y aurait qu'un mandataire), nous voyons là deux mandats, et chacun des mandataires est responsable *in solidum* et pour son compte de ce qu'il a fait ou de ce qu'il aurait dû faire; la négligence de l'un ne retombe nullement sur l'autre, qui se meut dans une sphère tout-à-fait distincte. Il n'existe entre eux aucune relation; ils ne se représentent pas mutuellement à l'effet de recevoir les poursuites du mandant, et les art. 1206-1207 leur sont donc inapplicables. — Si les mandataires ont été nommés par le même acte, on pourrait avec plus de raison, les déclarer solidairement obligés, et le droit romain l'avait fait. Mais le Code civil, considérant que les mandataires rendent un service et n'en reçoivent pas, n'a point voulu les soumettre à de trop lourds engagements. Pour leur épargner la solidarité, il suffisait de ne l'édicter nulle part; en effet, aux termes de l'art. 1202, la solidarité n'existe qu'autant qu'elle a été formellement stipulée, sauf quelques exceptions où la loi la prononce elle-même. Néanmoins un texte spécial (art. 1995) rappelle et confirme ce principe à propos des co-mandataires établis par le même acte; le Code a prétendu répudier énergiquement la tradition romaine. Si les exécuteurs testamentaires, qui remplissent une sorte de mandat, sont responsables solidairement, c'est parce qu'ils n'ont pas été choisis par les héritiers ou légataires qu'ils représentent; la loi devait donner à ces derniers la plus forte garantie possible. Tel est donc le droit commun; s'il n'y a pas clause expresse de solidarité, l'action du mandant se divise entre les mandataires, sans préjudice de l'action pour le tout contre celui d'entre eux qui, par son fait individuel, a causé du tort au mandant ou touché des sommes dont il serait reliquataire ; car on est toujours tenu *in solidum* de son fait individuel. Par exception, toutes les fois que plusieurs co-mandataires sont condamnés pour un délit de la nature prévue à l'art. 408 Cod. pén., il y a solidarité entre eux à raison des dommages-intérêts adjugés au mandant (art. 55 Cod. pén.).

Il est une seconde classe d'hypothèses où le mandataire aura plus ordinairement à rendre compte d'actes qui ne lui sont pas personnels. C'est lorsqu'il se sera déchargé sur un autre de la mission qu'il avait acceptée. Mais, à cet égard, il faut distinguer : — Ou la procuration originelle est muette sur ce pouvoir du mandataire. Alors l'art. 1994 lui reconnaît manifestement la faculté de se substituer quelqu'un, puisqu'il ordonne que ce soit à ses risques et périls. Le mandataire, responsable de son choix, use d'un droit en chargeant quelqu'un d'agir à sa place, comme le créancier, responsable envers le cessionnaire de la solvabilité du débiteur, use d'un droit en cédant sa créance. — Ou la procuration originelle autorise le mandataire à se substituer quelqu'un. S'il y a indication de personne, le mandataire ne répond pas de la gestion du tiers indiqué, à moins que, depuis le mandat, il ne soit survenu dans ce tiers certaines causes d'empêchement connues du mandataire, et dont il n'aurait pas averti le mandant avant de faire la substitution ; car la bonne foi l'enchaînerait alors aux conséquences de l'inexécution totale ou partielle du mandat. S'il n'y a pas indication de personne, le mandataire ne répond pas de la gestion du substitué, à moins qu'il n'ait fait choix d'un tiers notoirement incapable ou insolvable (art. 1994). — Ou la procuration originelle interdit au mandataire de se substituer, soit une personne désignée, soit toute personne en général. Alors, si le mandataire fait la substitution, elle est nulle et de nul effet, même à l'égard des tiers qui ont traité avec le substitué (art. 1119) ; de plus, le mandataire répondrait envers le mandant de toutes les fautes commises par le substitué dans sa gestion et qui lui auraient de fait causé quelque préjudice, sans parler des dommages-intérêts pour l'inexécution du contrat. M. Troplong (n° 449), sous prétexte qu'il n'y a pas d'action sans intérêt, enseigne que le mandant ne serait pas admis à répudier l'opération du substitué, si elle ne lui nuisait pas ; mais le savant magistrat ne remarque pas que cet intérêt, non appréciable dès l'abord, pourra se révéler plus tard quand la gestion du substitué sera pleinement connue. — Dans tous les cas où le mandataire est responsable de la gestion du substitué, c'est contre lui seul que le mandant semblerait avoir action, sauf au mandataire à recourir contre le substitué ; dès lors le mandant ne pourrait poursuivre le substitué, sinon en qualité de créancier du mandataire et d'après l'art. 1166, d'où il découlerait que le produit de cette action serait distribué au marc le franc entre le mandant et tous les autres créanciers du mandataire. L'art. 1994 - 2° détruit ce système d'apparence logique; afin d'éviter les actions successives du mandant contre le mandataire et du mandataire contre le substitué, la loi permet au mandant dé poursuivre en son propre nom et directement le substitué; la poursuite ne profitera qu'au mandant, lors même que le mandataire serait en faillite ou en déconfiture. Le Code offre quelques autres exemples de ces actions directes contre les tiers ; on en trouve notamment aux art. 1753 et 1798. Mais le mandant ne sera pas recevable à poursuivre le substitué , toutes les fois que ce dernier aura ponctuellement exécuté sa mission et rendu compte au mandataire.

Obligations du mandant. — Les obligations du mandant envers le mandataire ont pour objet : 1° le remboursement des frais ou avances faites par le mandataire pour l'exécution du mandat, et le paiement du salaire s'il en a été promis (article 1999-1°) ; 2° l'indemnité des pertes éprouvées par le mandataire à l'occasion de sa gestion (article 2000).

I. — L'obligation de rembourser au mandataire ses avances et frais pèse sur le mandant, même dans le cas où le mandat ne lui a pas réussi comme il l'espérait ; car si le mandataire a promis ses soins, il n'a pas garanti le succès. A l'égard du salaire, on peut stipuler que le mandant ne sera tenu de le payer que si la réussite est complète.

Une règle plus étroitement commune aux avances et aux salaires, c'est que le dol ou la faute du mandataire en libère le mandant (art. 1999-2°).

1° Le mandant devra rembourser intégralement les avances et frais. On ne lui accordera pas de réduction, alors même qu'une autre personne aurait pu faire l'affaire à moindres frais. Cependant nous ne voulons par là qu'empêcher les chicanes ; nous recevrions ses plaintes, s'il démontrait que l'exagération des impenses a constitué le mandataire en faute.

A quelles conditions le mandant devra-t-il rembourser les avances et frais ? Il faut d'abord que la preuve des avances ait été fournie ; elle résultera, tantôt des quittances que le mandataire aura retirées des créanciers du mandant par lui désintéressés, tantôt de tout autre fait quelconque ; elle se fera par les moyens usités dans notre droit. Il faut ensuite que les avances et frais aient eu lieu *ex causâ mandati* (art. 1999-1° ; Poth. n° 74), de bonne foi, et par nécessité, ou tout au moins avec utilité (Tropl. 621-625) ; ainsi le mandataire peut réclamer ce qu'il a dépensé pour l'accomplissement du mandat, ou pour la conservation de la chose, ou sur les ordres du mandant.

L'intérêt lui en est dû, à dater du jour des avances constatées (art. 200). Il est nécessaire de bien entendre les mots *avances constatées*. Signifient-ils que les avances du mandataire ne sont productives d'intérêt qu'à compter du jour de leur constatation ? Les interpréter de cette manière, ce serait aller à l'absurde. Le mandataire, en effet, bien que digne d'une faveur spéciale, serait traité plus rigoureusement que tout autre créancier, puisqu'il n'aurait droit aux intérêts de ses déboursés qu'à partir d'une époque souvent postérieure à sa demande en justice ; tel serait le cas où il ne pourrait produire, en ouvrant son action, les titres et documents justificatifs de ces avances.. Et cependant un créancier ordinaire ferait courir les intérêts à la date de sa demande, quoiqu'il n'établit son droit que dans le cours du procès, peut-être à la veille du jugement ! Il faut donc chercher une autre explication aux termes ambigus de l'art. 1999-1° ; ces termes signifient que les avances du mandataire, *une fois constatées,* produisent intérêt à compter du jour où elles ont été faites. Ces intérêts ne sont pas sujets à la prescription quinquennale de l'art. 2277 ; car on ne peut pas les qualifier de choses payables par années ou par autres termes périodiques plus courts.

2° La règle est différente pour le salaire promis. Conformément au principe général de l'art. 1153, il ne porte intérêt qu'à partir de la demande en justice.

Le salaire, à défaut de conventions sur ce point, ne doit être réclamé par le mandataire qu'après l'achèvement de l'affaire qui y donne lieu ; et même le mandant est libre, à notre avis, d'en refuser le paiement jusqu'au compte, dont la balance peut le constituer créancier du mandataire.

Quand une force majeure fait obstacle à l'accomplissement du mandat, le salaire est-il dû ? Nous répondrons par quelques distinctions. Le cas fortuit est antérieur à tout commencement d'exécution : alors il n'est pas dû de salaire, parce que le contrat n'a pas eu d'effet. La force majeure atteint la personne du mandataire : alors, si le salaire a été payé, nous pensons avec les lois romaines qu'il n'est pas sujet à répétition (loi I, § 13, *de extr. cogn.* ; l. XI, Cod. *de cond. ob. caus. dat.*), car on ne le considère pas dans le mandat comme le prix d'un travail ; mais s'il n'a pas été payé, nous croyons avec M. Troplong (n° 615) que le mandataire ne peut pas le réclamer, car on ne doit pas agir pour honoraires de services qu'on n'a pas rendus. La force majeure atteint le mandant : alors, si les choses sont encore entières, il n'est pas dû de salaire ; dans le cas contraire il n'est dû qu'une indemnité proportionnelle. De même le mandataire aura droit à une indemnité proportionnelle, quand le mandat sera révoqué par le mandant après un commencement d'exécution ; il faudra néanmoins que la révocation n'ait pas eu pour cause la négligence du mandataire.

II. — Le mandant doit en outre indemniser le mandataire des pertes qu'il a essuyés à l'occasion de sa gestion (art. 2000). Cette disposition s'applique au mandat salarié comme au mandat gratuit, sauf stipulation contraire.

En droit romain et dans notre ancienne jurisprudence (Pothier, n°94), on recherchait si la gestion avait été la *cause* ou seulement l'*occasion* de la perte, et le mandant ne devait l'indemnité qu'en la première hypothèse. Notre Code a bien fait de rejeter cette distinction ; il ne faut pas que le mandat, contrat de bienfaisance, puisse occasionner de préjudice au mandataire. Une décision analogue a tranché la question dans le même sens pour les pertes de l'associé et du dépositaire (art. 1852, 1947).

Mais le mandataire n'est plus fondé à réclamer une indemnité pour ses pertes, lorsqu'elles proviennent de sa faute ou de son imprudence. C'est ce que porte notre article 2000, ce que disait déjà la loi romaine, et ce que la raison dit encore plus haut.

Le mandataire a droit, en outre, à se faire libérer de tous les engagements qu'il a contractés dans
l'intérêt du mandant. La libération s'opérera par
le paiement ou par une novation.

III. — Ces obligations du mandant envers le
mandataire ne sont pas garanties à ce dernier par
une action privilégiée dans la loi civile, bien que
l'article 93 du Code de comm. accorde un privilége
au commissionnaire pour le remboursement de ses
avances, intérêts et frais. Il va de soi que nous
parlons ici d'un privilége spécial au mandataire ;
à l'égard des impenses qu'il aurait faites pour
conserver la chose du mandant, il serait investi
comme tout autre du privilége de l'art. 2102-3°. Et
nous lui avons déjà reconnu le droit de rétention
sur les objets du mandant qui sont en sa possession.

Un caractère qu'on ne peut dénier à l'action du
mandataire, c'est qu'elle est solidaire contre les co-
mandants. Quand plusieurs mandants ont établi un
mandataire pour une affaire commune, la loi les
déclare solidairement obligés (art. 2002). Il en est
autrement des co-mandataires; faut-il voir un ca-
price dans cette diversité de règles ? Non; s'il est
juste que dans un contrat officieux et gratuit le plus
souvent, celui qui rend le service ait une action
solidaire contre ceux qui profitent en commun du
service, il serait injuste de le rendre, lui, respon-

sable du fait de ses co-obligés, sans convention
expresse.

La solidarité garantit le paiement du salaire promis, comme le remboursement des avances et frais ;
l'art. 2002 ne distingue pas Peut-être cette sol. la-
rité n'est-elle pas aussi facilement justifiable dans
le mandat salarié que dans le mandat gratuit; le
mandataire qui ne stipule pas de salaire a droit à
toute faveur, ce qui semble moins incontestable
pour le mandataire payé de ses peines. On a dit que
la loi n'avait pas voulu confondre cette noble convention de mandat avec les contrats vulgairement
intéressés, notamment avec le louage d'ouvrage ;
elle a cru y apercevoir quand même un certain
élément de gratuité (Tropl., n° 689). Mais des considérations de ce genre ne pèsent pas d'un fort grand
poids dans l'esprit des jurisconsultes.

La forme du mandat n'est d'aucune importance en
ce qui nous occupe ; exprès ou tacite, fait par
acte authentique ou par acte privé, la solidarité des
mandants s'y attache toujours. Il suffit que le mandataire ait été constitué par plusieurs, et que l'affaire leur soit commune. Par conséquent, s'il n'avait
reçu pouvoir que d'un seul pour une affaire commune à plusieurs, ou s'il avait reçu de chaque intéressé un mandat distinct, la solidarité ne prendrait
pas naissance.

§ III. — *Effets du mandat envers les tiers*

Pour en finir avec l'exposé des effets du mandat, nous avons à considérer l'ensemble des conséquences qu'il produit dans les rapports des contractants avec les tiers. Ces conséquences, nous les avons déjà rencontrées sur notre route à divers endroits; il nous reste à les rassembler dans un tableau systématique.

Les rédacteurs du Code, en définissant le mandat *un acte par lequel une personne donne à une autre le pouvoir de faire quelque chose pour elle et en son nom,* ont-ils entendu présenter une défiqition rigoureusement limitative de ce contrat? Est-il nécessaire pour qu'il y ait mandat dans le sens du droit civil que le mandataire ait traité au nom du mandant? Or je vous donne pouvoir de traiter en mon nom, lorsque je vous charge de me représenter dans une opération, en vous recommandant d'avertir les tiers que vous stipulez, non pour vous, mais pour moi. Au contraire, je peux vous charger de faire tel ou tel acte juridique, en vous présentant sous votre nom, comme si vous stipuliez pour vous-même. Cette dernière mission constituera-t-elle un mandat? La question revient à demander s'il n'y a mandat qu'à la condition que l'effet du contrat envers les tiers passe par-dessus la tête du mandataire et se fixe en la personne du mandant. La question ainsi posée, il est facile d'y répondre. Le droit civil ne subordonne nulle part l'existence du mandat à la condition que les résultats actifs et passifs de ce contrat envers les tiers se réaliseront dans le mandant. Il y a mandat, même quand le mandant est couvert par le mandataire. Ceux qui achètent dans les ventes publiques ou judiciaires, et même dans les ventes ordinaires avec déclaration de command ou élection d'ami, font le plus souvent l'achat pour le compte d'un tiers, dont le nom est dévoilé, non pas à l'instant même du contrat, mais dans les délais de droit; le vendeur n'a donc affaire qu'avec eux.

Les effets du mandat sont bien différents dans l'une et dans l'autre hypothèse.

Le mandataire parle-t-il au nom du mandant? Il n'est alors que la *viva vox* de ce dernier. Tous les actes accomplis par lui dans la sphère de ses pouvoirs, c'est le mandant qui en est censé l'auteur : « *en fait, les tiers traitent avec le manda-taire, en droit, c'est avec le mandant qu'ils con-tractent* » (Mourl. *hic.*). Le contrat une fois con-clu, toutes les conséquences favorables ou désavan-tageuses en incombent au mandant, comme s'il avait contracté lui-même. Il résulte de là : 1° que les tiers n'ont pas à considérer le crédit du manda-taire, mais seulement le crédit du mandant; 2° que la propriété des objets acquis par le mandataire ne r'arrête aucun instant sur sa tête et passe immédiatement au mandant ; d'où nous concluons qu'elle lui arrive franche de toutes hypothèses ou autres *jura in re* qui auraient pu la grever du chef du mandataire, s'il l'eût conservée un seul moment ; de plus l'État ne percevra qu'un seul droit de mutation ; 3° le prix de vente, et généralement toute autre prestation mise à l'actif des tiers par les opérations juridiques du mandataire, est au passif du mandant qui demeure seul directement sous le coup des poursuites ; par réciprocité, tout ce que les opérations juridiques du mandataire mettent au passif des tiers, est à l'actif du mandant, qui peut exercer les poursuites de son propre mouvement et par lui-même ; d'où il suit que les obligations ainsi nouées entre les tiers et le mandant disparaissent par compensation en supposant réalisées entre eux les conditions de ce mode d'extinction ; et la faillite ou la déconfiture du mandataire n'importe nullement aux tiers. — Pour donner naissance à ces remarquables phénomènes de droit, il faut que le mandataire ait agi dans la sphère de ses pouvoirs, sphère déterminée comme nous l'avons fait en traitant du mandat général et du mandant spécial. Tout ce que le mandataire a pu faire par-delà, ne profite ou ne nuit au mandant, qu'autant qu'il l'a ratifié expressément ou tacitement (art. 1998) ; car *rati habitio*

mandato æqui paratur. Les règles de la ratification, étrangères à notre plan, sont dans l'art.
1338.

A l'inverse, le mandataire parle-t-il en son
propre nom ? Tous les effets actifs ou passifs se
concentrent alors dans sa personne. En conséquence, il faudra prendre le contre-pied de toutes
les décisions que nous avons données pour le cas
précédent. Par exemple, s'il s'agit d'un immeuble
acheté, le mandataire est seul acquéreur, sauf les
conséquences de la déclaration de command ou
d'élection d'ami, effectuée dans les délais de droit.
Hors l'hypothèse de cette déclaration, l'immeuble
n'a d'autre propriétaire que le mandataire. Mais
comme il doit, en vertu du contrat qui l'oblige au
mandant, lui transférer la propriété qu'il vient
d'acquérir, ce sera là une nouvelle transmission,
frappée d'un nouveau droit de mutation, et qui ne
fera passer au mandant qu'une propriété grevée
des hypothèques ou autres droits réels que sup-
portent les biens du mandataire. De même toutes
les prestations mises à l'actif ou au passif des tiers
sont au passif ou à l'actif du mandataire ; entre
eux s'exerceront les poursuites y relatives, entre
eux s'opèrera la compensation, et le crédit du
mandant n'importe plus aux tiers.

Soit que le mandataire parle au nom du mandant,
soit qu'il parle en son nom, les relations du man-

dant avec le mandataire restent déterminées par les règles que nous avons examinées au paragraphe des obligations respectives des contractants. Il n'y a de variable que les rapports des contractants avec les tiers.

Mais il n'échappe à personne que le mandat où le mandataire parle en son nom et n'oblige que lui ; c'est le mandat romain. Dès lors, nous objectera-t-on peut-être, la démarcation par nous signalée entre le droit classique de Rome et le droit moderne n'a pas la profondeur que nous disions. Cette objection tombe au premier souffle. Ce qui sépare deux législations, c'est moins la diversité des faits, que la diversité des principes. Or la représentation pleine et absolue du mandant par le mandataire était-elle impossible dans les principes romains? Oui sans doute. Est-elle possible dans les principes modernes? Oui, tant et si bien qu'elle va de soi dans le mandat civil, à moins qu'une volonté contraire des parties ne l'en écarte (art. 1998). Il est donc naturel et légitime de proclamer une différence si clairement visible. Comme nous l'avons écrit au chapitre préliminaire de notre seconde partie, le droit français présume la représentation pleine et entière dans les matières civiles, et ne la présume pas dans les matières commerciales : mais présumée ou non, toujours est-il qu'elle est possible; et cette vérité creuse entre la loi romaine et la loi actuelle un abîme que 'histoire seule vient combler.

DEUXIÈME SECTION

COMMISSION

—

CHAPITRE I

Origine et définition

Si le droit des Romains ne présente pas de règles particulières sur le contrat de commission, c'est qu'ils n'avaient pas admis le mandat dans leur législation primitive, et que toute commission renferme nécessairement un mandat. Ici, comme dans le pur droit civil, ces maîtres du monde furent bien contraints à se relâcher de leur rigueur. Ils avaient établi des comptoirs dans les différentes parties de la terre alors connue; à ces comptoirs il fallait des gérants. Mais ils se firent représenter le plus souvent par leurs enfants; leurs esclaves, ou par des associés, sans recourir d'ordinaire au ministère de représentants *extranei*.

Cependant les Romains n'ignorèrent pas l'usage

d'avoir des représentants au loin. On trouve au Digeste un titre intitulé *de proxeniticis* ; et si l'on ne peut affirmer que cette dénomination s'applique à de véritables commissionnaires, la dernière phrase de la loi III à ce titre semble bien désigner des représentants de cette sorte : *est enim proxenetarum modus qui emptionibus venditionibus, commerciis, contractibus licitis utiles non adeo improbabili more se exhibent.* Les proxènes avaient été fort utiles aux Grecs ; car les petites républiques helléniques, obligées pour la plupart de chercher à l'étranger le blé qui n'aimait pas leur sol, devaient se montrer favorables aux relations commerciales. Barthélemy, dans son voyage d'Anacharsis en Grèce, nous peint à larges traits les fonctions diverses de ces intermédiaires. Rome avait respecté chez les Grecs l'institution de ces proxènes, qui jouaient d'ailleurs le rôle de mandataires généraux, tandis que les commissionnaires sont des mandataires spéciaux.

Après les invasions des Barbares, il n'y eut plus de commerce. Bien des siècles s'écoulèrent jusqu'aux jours où ces relations précieuses furent renouées par les républiques italiennes, surtout Gênes et Venise, et par les villes riveraines de l'Océan germanique. Alors les négociants ne purent établir partout des comptoirs, et force leur fut de recourir aux services de mandataires lointains qui troquaient les cargaisons vendues contre telles ou telles marchandises achetées. Ce mandat, c'était la commission.

En France, écarté par les préjugés de la caste seigneuriale, entravé dans la classe roturière par le joug féodal, le commerce ne se fit qu'une place bien étroite; et même dans ces industrieuses Flandres qui avaient d'abord suivi l'élan des villes hanséatiques, on le vit décroître et mourir avec les antiques franchises. Il ne jouissait d'un éclair de liberté que dans les *foires*. Ces réunions ont une origine politique. Antérieures en Gaule à la conquête romaine, maintenues sous le nom de *conventus* et consacrées par le gouverneur de la province au jugement de certaines affaires ainsi qu'à la répartition des impôts, elles étaient un rendez-vous pour tous ceux qui voulaient acheter ou vendre. Ce dernier caractère survécut aux formes administratives, et dès lors existèrent les *foires* proprement dites. Des ordonnances royales reconnurent les priviléges des marchands qui s'y rendaient, entres autres l'exemption du droit d'aubaine pour leurs meubles et la faculté d'acheter ou vendre librement. Dans les localités gratifiées de ces faveurs on vendait par soi-même, par ses préposés ou par d'autres personnes investies de soins particuliers; celles-ci n'étaient que de véritables commissionnaires. Hors le temps des foires, l'étranger, pour faire une opération de commerce dans ces villes ou ailleurs, devait prendre les habitants pour intermédiaires, on en vint même à créer des *commissionnaires-jurés*. Il y eut, dans chaque ville, un officier du roi pour trafiquer au nom des étrangers (Ordonn. de 1350). Turgot porta le premier coup à ces offices, en les abolissant dans les halles et marchés de Paris (édit de février 1776). Fondés qu'ils étaient sur la prétendue nécessité de constituer un monopole au profit des négociants de chaque localité, ils ne devaient pas résister au pro-grès de l'économie sociale. La nuit du 4 août em-porta cette vieille erreur avec d'autres fantômes du passé, et le titre 6 du livre I de notre Code de com-merce ne l'a pas ramenée.

Aujourd'hui la *commission*, telle qu'elle résulte de nos lois, peut se définir un mandat ordinaire-ment salarié, dans lequel le commettant donne pouvoir de faire pour son compte une ou plusieurs opérations de commerce déterminées, au commis-sionnaire qui s'engage à les traiter pour le compte du commettant, mais le plus souvent en son propre nom. Nous avons indiqué et mis de côté les autres significations moins intéressantes du mot *commis-sion, commissionnaire*.

Cette définition a le mérite d'enfermer le contrat de commission dans ses limites ; il n'est pas pos-sible de le confondre avec d'autres conventions presque analogues.

En effet, si la commission n'intervient que pour

certaines affaires virtuellement déterminées, elle se distingue par là d'une mission plus générale qui reçoit dans le commerce le nom de *préposition* ou *factorerie* ; le préposé gère toute une branche de négoce, et son patron est engagé par tous les actes qu'il accomplit dans la sphère de ses fonctions.

Et quant au mandat du droit civil, la commission en diffère parce qu'elle implique en elle-même l'idée d'un salaire, et surtout parce que le commissionnaire s'oblige personnellement envers les tiers. Ces caractères principaux de la commission reviendront à chaque instant sous nos yeux, et l'originalité de ce contrat nous apparaîtra clairement.

Ajoutons que la commission tient aussi du louage d'industrie. L'art. 92 du Cod. comm. semble néanmoins ne lui reconnaître de parenté qu'avec le mandat. Mais on ne saurait contester que la commission, soumise en général aux principes du mandat, n'obéisse également à des règles spéciales que l'usage, ce complément de tout droit commercial, a consacrées dès longtemps ; or ces règles spéciales, qui séparent la commission du mandat ordinaire, ne peuvent prendre naissance que dans la combinaison des éléments du mandat avec ceux du louage d'industrie. Aussi tous les auteurs s'accordent-ils à professer que la commission est, de sa nature, un contrat à titre onéreux.

Le commissionnaire ne se confond pas non plus avec le courtier. Il n'est, lui, qu'un simple particulier, qui exerce une industrie ou qui accepte une mission permise à tous et libre de toutes conditions. Au contraire le courtier est un officier public ; il agit pour le compte de deux parties, mais sans traiter ; son rôle se borne à les rapprocher et à constater leurs transactions; il n'a aucun compte à rendre, puisqu'il n'a rien touché.

Ainsi dégagée des autres conventions et rapports de droit qui lui ressemblent plus ou moins, la commission tient une place honorable dans notre législation. L'utilité n'en est pas contestable. La suite de cette étude nous la fera voir dans toute son évidence; mais dès à présent même elle saute aux yeux. Car en outre de l'impuissance où se trouvent les commerçants de suffire par eux-mêmes à toutes les opérations de leur commerce, et de conclure personnellement toutes leurs négociations, il est un double besoin qui a fait naître la commission ; c'est le besoin de la célérité et du secret. La célérité nécessaire aux opérations commerciales, serait entravée si le tiers qui traite avec un fondé de pouvoir n'avait pour obligé que l'auteur du pouvoir ; le tiers, en effet, ne pourrait se passer de renseignements sur la solvabilité de ce dernier ; or il lui faudrait du temps pour se les procurer, et plus que jamais le temps est précieux aujourd'hui.

De plus le succès dépend le plus souvent du secret;
beaucoup d'opérations deviendraient impossibles
ou seraient compromises, s'il fallait dire pour qui
elles se font. Le contrat de commission pare à ces
inconvénients. Il est susceptible de l'application
la plus étendue, et nous ne connaissons pas d'acte
de commerce qui ne puisse s'accomplir par l'entremise d'un commissionnaire.

Mais il ne faut pas croire que la commission soit
le seul mode de représentation permis aux commerçants ; le mandat pourrait intervenir entre
deux négociants comme entre deux autres personnes. Dans le doute on se déciderait pour le
quod plerumque fit, et le mandat ne serait point
présumé.

CHAPITRE II

Formation de la commission

§ 1. — *Éléments essentiels*

On doit appliquer au contrat de commission les
règles éternelles et générales qui exigent, pour la
validité d'une convention, que trois conditions s'y
rencontrent : 1° la capacité des parties; 2° leur
consentement ; 3° un objet du contrat.

Passons en revue ces trois conditions requises.

1° *Capacité des parties.* — La commission peut intervenir entre toutes personnes capables de contracter; les incapables seuls en sont exclus. Mais de même que l'incapable qui aurait accepté un mandat serait soumis à une action *de eo quod lucrifecit* et tomberait, en le supposant *doli capax*, sous le coup de l'art. 408 du Cod. Pén., de même ces décisions seraient applicables à l'incapable qui aurait accepté une commission.

Si le commettant avait choisi lui-même un incapable, nous croyons qu'il devrait supporter les conséquences de ce choix imprudent. Quel autre accueil pourrait-on faire à la demande en dommages-intérêts d'un négociant qui aurait aventuré une partie de sa fortune dans les mains inhabiles d'un jeune homme ?

Il est bien entendu que la femme mariée et le mineur, autorisés à faire le commerce, s'obligent par le contrat de commission comme s'ils étaient majeurs.

Nos lois interdisent à certaines personnes de faire des opérations commerciales, par exemple, aux courtiers, aux agents de change, aux notaires, aux avocats, aux magistrats, à certains fonctionnaires publics; dès lors il va de soi que ces personnes ne peuvent être commissionnaires. Mais cette interdiction n'est que prohibitive, et non pas dirimante ; si donc elles acceptaient une commission contre le vœu de la loi, le contrat serait valable ; seulement elles se trouveraient passibles de peines disciplinaires.

L'art. 91 du Code de commerce déclare que le commissionnaire peut agir en son nom ou sous un nom social ; c'est dire que des sociétés commerciales peuvent former des entreprises de commission. Tous les auteurs l'ont accordé pour les sociétés en nom collectif ou en participation. Mais par une interprétation judaïque du texte, on a refusé la même capacité aux sociétés anonymes. Constatons d'abord que l'usage est contraire à cette restriction. Ensuite les sociétés anonymes, bien que sans nom social, n'ont-elles pas ce que nous appellerions volontiers une étiquette, sur leur personnalité juridique? Régulièrement constituées, pourquoi leur dénierait-on ce qui est de droit commun en France, aussi bien pour les sociétés que pour les individus, la liberté du commerce? En admettant, ce qui est contestable, que le législateur ait négligé de mentionner la société anonyme dans l'art. 91, nous ne pensons pas qu'une exception au grand principe du commerce libre doive s'induire d'un simple rapprochement de mots ou d'une omission peut-être fortuite.

2° *Consentement des parties.* — Le contrat de commission peut résulter d'un acte authentique ou sous seing privé, des lettres ou des livres de commerce, de factures approuvées, d'un consentement verbal, ou même de ce que le commettant a laissé faire sous ses yeux un acte qui ne pouvait être pour autrui ; *annuens capite vel humeris, censetur mandare* (Balde, *consult.* 250). Dans ce dernier cas l'acceptation du commettant est purement tacite.

Il en est quelquefois de même pour le commissionnaire ; son acceptation est tacite ou expresse. Ainsi l'exécution équivaut en général à l'acceptation. Il faut remarquer ici que les coutumes du commerce ne s'accordent pas tout-à-fait avec la règle que nul contrat ne saurait exister sans la volonté réciproque des parties. En effet, s'il y avait eu déjà entre deux personnes des relations de commettant à commissionnaire, les auteurs pensent que certains motifs d'urgence pourraient obliger le commissionnaire, même contre son gré, à se charger provisoirement de la commission. Il en serait autrement si l'exécution de la commission lui faisait courir des risques. A défaut de ces motifs d'urgence, on peut toujours refuser une commission proposée. Mais il ne suffit pas de la refuser ; on doit en outre veiller à ce que le commettant ne souffre pas de ce refus, par exemple, prendre soin des marchandises envoyées ; il faut surtout informer au plus vite le commettant qu'il ait à chercher un autre commissionnaire. Un silence trop prolongé serait considéré au besoin comme une acceptation. Ces principes, enseignés par les vieux maîtres de la doctrine commerciale, ont passé dans les livres et la jurisprudence modernes. Nous y voyons la preuve que le contrat de commission découle quelquefois d'un consentement tacite, et cette conclusion paraît conforme aux idées que le droit romain et ses interprètes nous ont léguées sur le mandat en général.

D'ailleurs, à l'égard des commissionnaires de profession, ou s'en rend compte plus aisément : Quiconque s'annonce comme exerçant une profession est censé faire au public une offre permanente de service pour les opérations comprises dans cette profession. Par conséquent, si vous chargez un de ces commissionnaires d'une opération, vous ne faites qu'accepter ses offres de service, que joindre votre volonté à la sienne. Le contrat est donc formé dès que l'ordre est donné; ce n'est plus l'acceptation du commissionnaire qu'il est nécessaire de notifier, c'est son refus ; car en se refusant à l'opération, il revient sur son offre que vous avez acceptée.

3° *Objet du contrat.* — La commission relève de la loi commerciale. Elle porte donc, non pas sur tout ce qui est *in commercio* d'après le droit civil, mais sur tout ce qui constitue les *actes de* commerce proprement dits. La règle ordinaire, c'est que tout mandat établi pour une affaire commerciale est une commission.

Il va de soi que l'objet du contrat doit être licite. Les anciens jurisconsultes n'eurent pas de peine à décider que des commissionnaires ne pourraient s'entremettre pour des actions criminelles ou des faits illicites ; Straccha mentionne en exemple l'adultère, le vol, le rapt, l'achat des fonctions sacerdotales, l'usure, les fraudes aux droits du fisc. (*de Proxenetis*, 3ᵉ part. nᵒ 29 et suiv.) Nous n'avons pas besoin de dire que cette énumération n'était pas limitative dans la pensée du savant Italien.

Preuve du contrat. — Le contrat de commission, puisqu'il est commercial, se prouve par les modes de preuve admis et pratiqués dans le droit consulaire; ce qui revient à dire que tous les moyens sont bons à cet effet. La preuve par témoins d'une commission formée verbalement serait admise au-delà de 150 fr. (art. 109 Cod. comm.).

Voilà le principe. Mais il reçoit une atteinte dans l'art. 95 du Cod. comm.; si le commettant et le commissionnaire habitent la même ville, le privilége du commissionnaire ne lui est accordé pour prêts, avances et palements faits sur les marchandises consignées dans ses magasins, qu'autant qu'il a suivi les règles tracées par le droit civil pour la perfection des prêts sur gage. Cette exception ne doit pas être étendue au-delà du cas formellement indiqué. Et comme elle est faite pour l'hypothèse spéciale où le commissionnaire concourt avec d'autres créanciers du commettant, elle n'a de force qu'en faveur de ces tiers; le commettant ne pourrait pas s'en prévaloir.

§ II. — *Caractères naturels de la commission*

Au contrat de commission, formé et prouvé comme nous l'avons dit, il faut reconnaître les caractères suivants:

1° *Il est, de sa nature, à titre onéreux;* la gratuité n'y est jamais présumée. Nous savons que l'art. 1086 du Code civil établit pour le mandat une présomption absolument inverse : c'est que les contrats commerciaux sont tous déterminés par une vue d'intérêt; suivant l'expression énergique de MM. Delamarre et Lepoitvin (tome II, n° 68), rien dans le commerce n'est réputé de pure bienfaisance. D'ailleurs le commissionnaire rend le plus souvent au commettant un genre de services que le mandant ne reçoit pas du mandataire; il s'oblige personnellement, tandisque le mandataire se borne à prêter son entremise; ce rôle plus onéreux du commissionnaire appelait naturellement une indemnité, une compensation, un salaire.

2° *Le contrat de commission est synallagmatique parfait;* en effet, au moment de sa formation, il oblige chacune des parties envers l'autre, le commissionnaire s'engage à l'accomplissement de l'opération, le commettant à payer le droit de commission. Dans l'opinion de M. Bédarride (n° 9) notre contrat est *synallagmatique imparfait,* parce que l'obligation du commettant, dit-il, ne prend naissance que *ex post facto.* Mais cette assimilation de la commission au mandat nous paraît inexacte hors le cas où l'idée d'un salaire est écartée expressément; et ce cas est exceptionnel, car nous avons admis que la commission est à titre onéreux de sa nature.

Quoique synallagmatique, le contrat de commission ne sera pas soumis, pour sa constatation, à la formalité des actes fait en double. Cette formalité, prescrite par l'article 1325 du Code civil, n'est pas requise d'ordinaire en matière commerciale.

3° *Le contrat de commission est auxiliaire d'autres contrats;* ce caractère ressortira nettement d'une brève comparaison entre la commission et la société. L'une et l'autre se ressemblent en ce qu'elles ne se suffisent pas à elles-mêmes et qu'elles impliquent nécessairement d'autres conventions à naître. Voici en quoi elles diffèrent. Le contrat de société renferme en lui-même le germe d'autres contrats, qui en proviennent comme l'effet provient de la cause; il les engendre, dans le vrai sens du mot. Au contraire, la commission facilite simplement la formation d'autres contrats, le commissionnaire prête son entremise pour leur donner naissance, mais il ne fait à cet égard que suivre les instructions du commettant, et les contrats qui viennent au jour ont leur source ailleurs que dans la commission. En résumé, la société est *génératrice* d'autres contrats, tandis que la commission en est seulement l'*auxiliaire* (Brav. Demang. tome II, page 252).

4°-5°. La commission est de plus un *contrat personnel*, c'est-à-dire fondé sur la mutuelle confiance que les parties ont l'une dans l'autre, et *révocable*, c'est-à-dire qu'un changement de volonté du commettant suffit à le dissoudre.

L'explication plus détaillée de ces deux caractères aura sa place au chapitre de la dissolution du contrat.

CHAPITRE III

Effets de la commission

Avant d'exposer les effets remarquables de la commission entre particuliers, notons que les commissionnaires en titre sont assujettis à toutes les obligations qui pèsent sur les commerçants ; nous voulons parler de la patente et des contributions spécialement établies sur les professions commerciales dans les villes où siégent des chambres de commerce (loi 7 mai 1844, art. 13). Mais ceci ne touche qu'indirectement à la représentation par autrui.

§ 1. — Effets produits entre les contractants

Dès l'instant où le commissionnaire a accepté de traiter pour son commettant, le contrat prend naissance, et les contractants sont unis par des rapports qui demeurent indépendants des rapports du commissionnaire avec les tiers. Casarégis disait : *rispetto al mandante, questa omissione del nome nel contratto, niente altera la natura del contratto di mandato passato tra il procuratore e il mandante (Disc. § 6, n° 14).*

1° *Obligations du commissionnaire.* — Le commissionnaire participe des deux qualités de mandataire et de dépositaire; et comme le contrat de commission se rapproche du louage d'industrie par le salaire qui s'y trouve ordinairement inclus, la responsabilité doit peser plus lourdement sur le commissionnaire que sur le mandataire civil. L'art. 1992 du Code Civil s'accorde avec cette donnée de la raison. Mais de quelle espèce de faute le commissionnaire sera-t-il responsable ? *A procuratore dolum et omnem culpam, non etiam improvisum casum præstandum esse juris auctoritate manifeste declaratur,* disait le droit romain (loi XIII, Cod., *mandat.*); et beaucoup d'anciens jurisconsultes entendaient cette loi dans le sens que le mandataire est tenu de la *culpa levissima.* Une décision pareille semble sortir de l'art 1992 du Code civil, surtout pour le commissionnaire. Mais qu'entendrons-nous ici par *culpa levissima ?* Ici revient la théorie des fautes, une des plus ardues que nous connaissions ; nous n'aurons pas l'outrecuidance de procéder à ce sujet par affirmations nettes et tranchées. Il est toutefois une règle certaine, c'est que le commissionnaire répondra de ses fautes commises *tam in omittendo quam in faciendo.* MM. Delamarre et Lepoitvin (Com. 2, n° 219 et suiv.) veulent que le commissionnaire soit tenu de sa moindre faute; nous aimerions mieux distinguer, avec M. Troplong, *(du mandat* n°ˢ 392 et 393) le commissionnaire de profession et celui qui ne l'est pas; le premier fait appel à la confiance publique et doit la mériter par une diligence et par une habileté toutes particulières; au second nous ne demanderions que la vigilance d'un négociant pourvu d'une intelligence ordinaire et soigneux de ses intérêts. Le cas fortuit et la force majeure sont en dehors de la responsabilité du commissionnaire. N'oublions pas d'ailleurs que la considération des faits sera d'un poids décisif en cette matière et fera fléchir toutes les appréciations doctrinales.

En général, c'est à la personne qui allègue la faute à la prouver. Cependant, s'il agissait d'une détérioration survenue en la garde du commissionnaire, celui-ci devrait prouver qu'il n'a pu l'empêcher.

Les obligations du commissionnaire vis-à-vis du commettant varient selon l'objet, la nature et les termes de la commission. Voici les principales:

1° Le premier droit du commissionnaire est de tenir caché le nom de son commettant: *tra mercadanti si usa questa prudenza, di tenere occulti e segreti i loro negozi e de suoi corrispondenti* (Casareg., *disc.* 58, n° 14); car on a créé la commission pour arriver à des transactions rapides et secrètes.

2° Le commissionnaire doit en outre transmettre au commettant toutes les informations de nature à l'arrêter sur la voie d'une spéculation dangereuse. Cette obligation disparaît nécessairement dans les cas qui requièrent célérité.

3° Le commissionnaire, aussitôt le contrat formé, et si nulle époque ne lui est fixée par le commettant, doit agir en temps opportun, *il solo lasciare di eseguire il mandato, quando ha potuto eseguirlo il mandatario, fa argomentare in lui dolo*

Casareg. *disc.* 119, n° 65). Néanmoins, lorsque le retard n'a causé aucun préjudice au commettant, celui-ci ne pourra pas de ce chef poursuivre le commissionnaire; l'intérêt est la mesure des actions.

4° Le commissionnaire doit suivre de point en point les instructions de son commettant, sur la qualité des marchandises, le lieu où il les faudra prendre, le temps où il faudra les procurer, le prix qu'il les faudra payer, etc. Sa mission accomplie, le commissionnaire est tenu d'en donner avis au commettant; car jusqu'à cet accomplissement, le commettant peut révoquer son mandat, tout en restant engagé par les actes du commissionnaire antérieurs à la révocation.

5° Enfin le commissionnaire doit rendre compte de ses opérations; c'est là une obligation commune à tous les mandataires, et que nous avons suffisamment étudiée à propos du mandat civil. Dans le cours de sa gestion, nous ne le forcerions pas en principe, du moins s'il était commissionnaire de profession, à signaler au commettant les personnes avec lesquelles il traite; le commettant s'aviserait peut-être de nouer des relations directes avec la clientèle du commissionnaire et de s'épargner ainsi les frais de commission. Mais l'affaire une fois terminée, il nous semble tenu de révéler le nom du tiers vendeur ou acheteur.

Telles sont les obligations générales du commissionnnaire. Entre plusieurs commissionnaires établis par un même contrat, et pour une même affaire, y a-t-il solidarité ? Le droit civil, nous le savons, n'admet de solidarité entre les mandataires qu'autant qu'ils y sont soumis par l'acte constitutif du mandat. S'il fallait en croire MM. Delamarre, Lepoitvin et Troplong, la règle contraire aurait prévalu dans le droit commercial; le regretté, président de la Cour de cassation, fait même observer que cette solidarité nous est venue de l'ancien droit romain, modifié par Justinien dans sa Novelle 99, et ressuscité pour le commerce. Mais les auteurs et les arrêts ne sont pas unanimes sur ce point. Nous inclinons à préférer les principes du Code civil, et nous pensons que la solidarité ne s'établit pas implicitement entre les commissionnaires, si ce n'est dans certains cas exceptionnels, par exemple, dans le cas d'une société de commission en nom collectif (Denizart, *Solidaire*, n° 4.).

C'est également par application des principes généraux du droit civil que nous reconnaissons au commissionnaire la faculté de substituer son mandat (art. 1991). En conséquence du même article, que nous avons développé précédemment sous la rubrique du mandat, le commissionnaire répondra des faits et gestes de son remplaçant : 1° quand il n'aura pas reçu le pouvoir de se substituer quelqu'un; 2° quand ce pouvoir lui aura été conféré sans désignation d'une personne, et que celle dont il aura fait choix était notoirement incapable ou insolvable. Du reste, nous avons dit qu'au cas où le commissionnaire ne voudrait ou ne pourrait se charger de la commission, il devrait en donner avis à son commettant, et prendre provisoirement toutes les mesures conve nables pour le préserver d'un dommage.

2° *Obligations du commettant* — Les obligations du commettant sont de plusieurs sortes, la plupart communes à tous les mandants.

1° Ainsi le commettant doit rembourser au commissionnaire ses avances et débours pour l'exécution du contrat, tels que les frais d'entrepôt, les dépenses de conservation et d'entretien, etc. Il faut que ces avances aient été faites de bonne foi et par nécessité : *sumptus bona fide factos etsi negotio finem adhibere procurator non potuit judicio mandati restitui necesse est* (Loi LVI, p. 4, *mandati*). Le remboursement en serait dû au commissionnaire exempt de faute, quand même l'opération aurait échoué sur des obstacles fortuits, ou si le succès n'avait pas entièrement répondu aux espérances du commettant. Il est donc certain que toutes les dépenses nécessaires et que tous les débours dont le commettant a profité seront valablement répétés contre lui. Mais on s'est demandé s'il devait aussi restituer les frais seulement utiles, et l'on a choisi pour exemple l'hypothèse d'une assurance prise par le commissionnaire sur des marchandises qui sont ensuite arrivées à bon port. On s'est prononcé en faveur du commissionnaire (Troplong, *Mandat*, n° 625). Il est clair, en effet, que si le commissionnaire avait franchi les bornes de son mandat, le commettant ne serait point tenu de l'indemniser au-delà de ces limites; mais nous devons concilier cette règle de bon sens avec les nécessités et les usages de la pratique. C'est au commettant à prouver que le commissionnaire a excédé ses pouvoirs; le mandat n'est pas censé limitatif, à moins que la limitation ne s'y montre clairement.

Le commettant doit en outre désintéresser le commissionnaire de toutes les pertes que lui a coûtées l'exécution du mandat (art. 2000, Cod. civ.) Les dépenses d'un commissionnaire, non occasionnées par sa faute, produisent intérêt du jour où il les a faites (art. 2001, Cod. civ.) Il en est de même des sommes à lui dues pour indemnité de ses pertes.

2° Nous savons déjà que le salaire est de la nature du contrat de commission, c'est-à-dire qu'il est dû par le commettant au commissionaire, de plein droit et sans clause expresse. Quand les parties n'en ont pas fixé le montant, il se règle d'après les usages et le cours de la place. C'est ce salaire qu'on appelle *droit de commission*. Il est *simple* ou *double*; simple, quand il rémunère seulement le travail et la fidélité du commissionnaire; double, quand le commissionnaire répond des insolvabilités.

Les commerçants, en effet, se servent fréquemment d'une espèce particulière de convention, qui augmente la sûreté du commettant. En Italie, on l'a nommée contrat *del credere* (accorder confiance, crédit), locution traduite en notre langue par le bizarre mot à mot *contrat de du croire*. Cette convention ressemble à l'assurance ; car le commissionnaire, moyennant une *prime* indépendante du simple droit de commission, prend à sa charge les risques des insolvabilités, et promet que le commettant sera exactement payé. Il tient aussi de la nature du cautionnement ; car le *del credere* ne peut intervenir lorsqu'il n'est rien dû au commettant, ni pour lui attribuer plus qu'il ne lui est dû. Mais cette analogie, avec l'assurance et le cautionnement, ne va pas jusqu'à l'identité. En effet, le prix de la chose assurée n'est dû qu'après la perte de cette chose, tandis que le *del credere* permet au commettant de poursuivre le commissionnaire, sans autres considérations, aussitôt que la dette est échue. Notre contrat diffère aussi du cautionnement, puisque cette dernière convention, s'il n'y a clause de solidarité, n'autorise point le créancier à poursuivre la caution avant d'avoir agi contre le débiteur principal ; or il n'y a rien de semblable au bénéfice de discussion dans le *del credere*. Le contrat du croire, bien qu'impliquant une *susceptio periculi pro pretio certo*, n'est donc pas une assurance ; il n'est pas non plus un cautionnement. On doit lui reconnaître une existence propre.

Quant à la forme et aux effets de ce contrat, la loi n'a rien statué. Mais il est d'un emploi si fréquent dans le commerce, que les règles en sont toutes déterminées par la pratique, et la doctrine n'a plus qu'à les constater et à les préciser. Il résulte du *del credere*, que le commissionnaire, substitué dans les obligations des tiers, est tenu de les acquitter, même en cas d'insolvabilité des débiteurs, sans que le commettant soit contraint de s'adresser préalablement à ceux-ci ; et il répond de tous les événements de force majeure qui peuvent amener cette insolvabilité. Si l'on ne sortait par là des principes de la commission pure, le commissionnaire, traité sur ce point comme un mandataire civil, ne répondrait pas des engagements qu'il aurait fait naître en exécution de son mandat.

La preuve de ce contrat est fournie par les moyens aisés du droit commercial. Elle peut découler de l'usage des lieux, de la correspondance des parties, d'autres faits particuliers à l'espèce, etc. Quand le commissionnaire a réclamé la commission ordinairement perçue pour prime du *del credere*, on suppose toujours, à défaut de preuve manifestement contraire, qu'il a voulu s'engager à garantir le commettant des suites de l'opération, et, comme le dit Savary, qu'il a entendu *faire les deniers bons*.

Simple ou double, que devient le droit de commission devant une révocation du contrat faite par le mandant ? Est-il dû en entier ? Nous ne le pensons pas, à moins que la révocation n'ait eu pour unique motif le désir d'enlever au commissionnaire une récompense déjà méritée par ses labeurs. Réciproquement, si la révocation s'explique par le dol, la fraude ou la faute du commissionnaire, il ne peut rien réclamer ; loin de là ! C'est à lui peut-être qu'on demandera des dommages-intérêts.

Lorsque le commissionnaire s'est substitué quelqu'un, il faut s'attacher à la distinction suivante. La délégation a t-elle été volontaire ? Il n'est dû qu'un seul droit de commission. A-t-elle été forcée ? Le droit est dû au substituant et au substitué (MM. Delam. et Lepoitv., tome 2, n° 205). Peut-être serait-il bon, en subdivisant la dernière hypothèse, de rechercher si la substitution forcée provient d'une cause étrangère au substituant, comme le serait une prohibition légale, ou d'une cause inhérente à sa personne, telle qu'une maladie ; dans le second cas, le commettant ne devrait à notre avis qu'un seul droit de commission.

Tous les mandants pour une affaire commune sont tenus solidairement vis-à-vis de leurs mandataires. Le Code civil édicte sur ce point une règle formelle, qui est également applicable aux matières de commerce (art. 2002).

§ II. — *Effets produits envers les tiers*

En principe, le commissionnaire traite en son propre nom; il s'engage personnellement envers les tiers et les oblige envers sa personne. Seul créancier et seul débiteur, il a tous les droits et toutes les charges de ces deux qualités. Les tiers n'exercent pas d'action directe contre le commettant, ni le commettant contre les tiers ; car il n'y a pas entre eux de relations contractuelles. Seulement les tiers peuvent invoquer les droits du commissionnaire à l'encontre du commettant, et le commettant peut attaquer les tiers par cette même voie oblique (art. 1166, Code civ.). Quand le commettant ou les tiers usent de ces moyens indirects, ils sont naturellement passibles de toutes les exceptions qu'on opposerait au commissionnaire, s'ils les faisait valoir lui-même.

Mais il arrive parfois que le commissionnaire traite au nom du commettant, et la question est alors plus délicate. Peut-être l'opération n'aurait-elle pas eu lieu, si le nom du commettant n'était intervenu; le tiers a pu se croire autorisé, en cas de non paiement par le commissionnaire, à demander au commettant le prix de la négociation. La solution de tous les doutes nous semble renfermée dans la combinaison des deux idées suivantes : 1° le commettant n'est pas engagé, s'il n'a pas manifesté la volonté de l'être; cette volonté s'induit, ou des pouvoirs donnés au commissionnaire, ou de tout acte significatif du commettant envers les tiers intéressés, par exemple, de sa correspondance; 2° une fois ce premier élément acquis au débat, il doit en outre être certain que l'intention des tiers et du commissionnaire n'a pas été contraire à la volonté du commettant.

Comme on le voit, en règle générale, le commettant ne se mêle point aux agissements intervenus entre les tiers et le commissionnaire. Ce dernier recueille ou subit seul les conséquences actives ou passives de l'opération. Mais n'oublions pas que nous examinons ici la question au point de vue des tiers. Par suite, dès que l'intérêt des tiers est hors de cause, il faut revenir aux principes connus du mandat. Ainsi la loi nous apprend, au titre de la *faillite*, que si le commissionnaire avait reçu des marchandises pour les vendre, et qu'après les avoir vendues, sans en avoir encore touché le prix, il fût tombé en faillite, le créancier pourrait poursuivre le paiement à son profit exclusif, par préférence aux autres créanciers du commissionnaire failli (art. 575, Cod. comm.) ; les tiers débiteurs du prix n'c nt aucun intérêt à payer à ceux-ci plutôt qu'à celui-là ; dès lors il est équitable que les autres créanciers de la faillite du commissionnaire ne s'enrichissent pas aux dépens du commettant, en le réduisant à ne prendre qu'un dividende dans la masse.

Par ce rapide exposé des effets les plus ordinaires de la commission dans les rapports des contractants avec les tiers, nous avons constaté qu'en général le commissionnaire, investi de toutes les créances et droits, est soumis à toutes les dettes. Ici nous rencontrons deux théories importantes.

De la subrogation du commissionnaire — Le commissionnaire, qui acquitte les obligations rassemblées sur sa tête par la commission, est-il subrogé dans tous les droits des tiers ? Devons-nous lui appliquer l'article 1251, § 3, du Code civil ?

On aperçoit au premier coup-d'œil tout l'intérêt pratique de cette question. Supposons, entre autres cas, une commission d'acheter ; le commissionnaire, s'il est subrogé aux droits des vendeurs, pourra, sous les mêmes conditions qui leur seraient prescrites, revendiquer les choses vendues et se faire ainsi désintéresser dans la faillite du commettant avant tous autres créanciers. Et si le commissionnaire a traité en son nom personnel avec les tiers vendeurs, n'est-il pas possible de soutenir qu'à l'égard du commettant et de ses ayants-cause, il n'y a d'autre vendeur que lui? Du reste cette dernière observation n'aurait qu'une importance doctrinale, du moment où le principe de la subrogation du commissionnaire dans les droits du vendeur serait hors de controverse.

Or ce principe est admis par bien des auteurs. Nous penchons vers l'opinion contraire de M. Troplong (*Nantissement*, numéros 534 et suiv.). On ne peut contester, disent nos adversaires, que le commissionnaire, en achetant des marchandises, ne se soit obligé pour son compte et pour le compte du commettant ; dès lors il a un intérêt de payer le vendeur, et il est subrogé aux droits de celui-ci d'après l'art. 1251 du Code civil ; donc la revendication qu'aurait eue le vendeur, il l'exercera comme subrogé à ses droits. Ce système a fait fortune ; il a prévalu dans la doctrine et dans la jurisprudence. Mais revenons fidèlement aux principes L'application de l'art. 1251 du Code civil n'est possible que si le créancier a deux obligés au moins ; or nous nous plaçons dans l'hypothèse où le tiers vendeur n'a d'autre obligé que le commissionnaire ; par conséquent celui-ci ne saurait exercer, à titre de subrogé, ni la revendication ni les autres droits du vendeur.

Maintenant est-il vrai, comme le prétendent MM. Delamarre et Lepoitvin (Com. 2, n° 395), que

la revendication du commissionnaire doive se fonder sur un autre motif, à savoir, que la revendication en matière de vente commerciale est placée
par l'art. 2102 du Code civil sous l'influence des
lois et usages du commerce ; qu'en fait, l'usage
du commerce est d'autoriser le commissionnaire
à saisir et revendiquer la marchandise en route ;
que cette revendication, contraire sans doute à la
ratio juris, s'est introduite *favore publici comm er
cii*, et ju'une coutume antique, universelle et
constante est sacrée pour le jurisconsulte ? Mais
il ne faut pas se payer de mots. Quand l'art. 2102,
n° 4, renvoie aux lois et usages du commerce sur
la revendication, de quoi se préoccupe-t-il ? De la
revendication accordée au vendeur non payé, et le
vendeur non payé n'est pas à confondre avec le
commissionnaire. La loi commerciale a réglé dans
l'intérêt du négoce, une   revendication réglée par
la loi civile pour les intérêts civils. N'étendons
pas l'article 550 du Code de commerce au-delà de
sa sphère, qui ne renferme que le vendeur d'effets
mobiliers. Il est même à considérer que la revendication ainsi restreinte et resserrée, on ne l'a organisée dans les art. 576 et suivants qu'après de
longs combats ; nous serions mal venus à la porter en dehors des limites qui lui furent tracées au
milieu des oppositions et des répugnances. Or,
nous le répétons, un commissionnaire n'est pas

uu vendeur. Le vendeur a pour lui le droit de propriété, qui parle toujours si haut ; le commissionnaire est dépourvu de cette puissante recommandation.

On a dit qu'il fallait au moins regarder le commissionnaire comme un vendeur fictif. Sur quel
texte, sur quelle vérité juridique s'appuiera cette
étrange fiction? Est-ce que le commissionnaire
n'agit pas en vertu d'un mandat? est-ce qu'il ne
touche pas un droit de commission, preuve palpable du mandat? est-ce que, dès lors, et dans ces
rapports du commissionnaire avec le commettant,
la propriété n'appartient pas au commettant? Nous
savons bien que le prix d'achat est payé des deniers du commissionnaire; mais depuis quand
cette circonstance change-t-elle les rôles ? Depuis
quand l'acheteur n'est-il plus l'acheteur, parce
qu'il paie le prix d'achat avec l'argent d'autrui ?
En vérité, la fiction elle-même ne peut pas transformer le commissionnaire en vendeur.

Privilége du commissionnaire. — Mais si nous
refusons énergiquement au commissionnaire le
bénéfice de la revendication, et plus généralement
de la subrogation aux droits des tiers, il n'en faut
pas moins reconnaître que la loi lui a laissé une
part assez belle.

Tout mandataire qui a fait des frais pour conserver la chose de son mandat, est privilégié pour

ses avances (art. 2102, Code civ.). Seulement les commissionnaires ont un privilége beaucoup plus étendu. Nous ne pensons pas que ce privilége soit nouveau dans notre droit. L'ordonnance de 1673, il est vrai, n'accordait de préférence au créancier nanti qu'au cas où il y avait eu par devant notaire un acte dont il devait rester minute ; mais cette disposition ne fut jamais appliquée aux commissionnaires (Jousse. *Comment. de l'ordonn. de* 1673. *tit.* 6, *art.* 8). Néanmoins, en l'absence d'un texte positif, on ne savait pas trop, dans l'ancienne jurisprudence, quand et comment devait s'exercer le privilége du commissionnaire. Aujourd'hui ce privilége, qui n'était établi que par la coutume, a son siége dans le Code (art. 93-95).

Aux yeux de certains auteurs, l'avantage accordé au commissionnaire n'est pas un privilége à proprement parler ; ils n'y veulent voir qu'un droit de rétention. Le privilége affecte la chose elle-même ; il en fait pour ainsi dire partie intégrante ; il la suit quand elle est susceptible de suite. Le droit de rétention n'a pas ces caractères ; il n'est pas nécessairement un *jus in re* ; il n'implique pas la poursuite de la chose et n'est, de sa nature, qu'une exception *doli mali* opposée par le détenteur à une personne qui veut s'enrichir à ses dépens (Savigny, *Traité de la poss.* n° 6. § 3). Il nous semble qu'en notre matière cette distinction n'est pas d'une grande importance. Dans les mains du commissionnaire, le droit de rétention, si rétention il y a, est renforcé d'une affectation spéciale sur la chose ; le commissionnaire a tout ensemble un droit de rétention sur la chose qu'il détient, et un droit de privilége sur le prix de cette chose vendue (Troplong, *Nantiss.* 445). Il n'en faut pas davantage pour justifier la dénomination de privilége adoptée dans la pratique et dans la théorie.

On aperçoit la plus grande utilité de ce privilége, lorsque le commettant tombe en faillite avant la vente des marchandises expédiées au commissionnaire. Le droit de préférence s'exerce alors sur le prix de la vente opérée à la diligence des syndics de la faillite.

Par dérogation à la loi civile, le privilége du commissionnaire n'est pas soumis aux conditions requises pour la constitution du privilége sur le gage, telles que la rédaction d'un acte, la remise de la chose, etc. ; il eut été difficile au commerce d'exécuter ces prescriptions. Mais ce privilége dépend à son tour d'autres conditions incluses dans l'art. 93 du Cod. de comm. :

1° *Il faut que les marchandises soient expédiées d'une autre place au commissionnaire.* Cette disposition prévient des fraudes trop aisées ; car s'il suffisait, pour procurer le privilége du commissionnaire à quelqu'un, de consigner des marchan-

disesdans ses mains et de reconnaître ses préteu-
dues avances, la supercherie serait fréquente. A
quels signes précis apparaîtra-t-il que l'expédition
s'est faite d'une place sur une autre ? Cette question est laissée au libre examen du juge. Il semble
qu'on doive la résoudre par la combinaison de
deux éléments bien distincts, la délimitation administrative et les rapports commerciaux.

2° *Il faut que les marchandises soient effective-
ment ou virtuellement à la disposition du commissionnaire.* C'est ici la condition la plus essentielle
du privilége, parce qu'il repose sur l'idée de gage.
La loi reconnaît deux sortes de détentions. L'une
est *réelle* ; par exemple, les marchandises sont
dans les magasins du commissionnaire ou dans
un entrepôt public ; il peut l'avoir également par
l'intermédiaire des ses agents, *possidet cujus nomine possidetur.* L'autre est *fictive*, établie dans
l'intérêt du commerce et pour en faciliter les opérations ; elle se constitue par la remise au commissionnaire du connaissement ou de la lettre de
voiture ; dès ce moment l'expéditeur est en quelque
sorte dessaisi, et le voiturier détient pour le
compte du commissionnaire (Valette, *Priv. et hyp.*
tome I, pag. 138, not.), qui pourra vendre et livrer
les marchandises, sans qu'elles soient jamais entrées dans ses magasins.

3° *Il faut qu'il y ait eu des avances faites en*

52   13

vue des marchandises. Quelques auteurs exigent que les avances soient faites en considération directe des marchanchises (Bravard, pag. 168). Mais d'autres auteurs et la jurisprudence ont décidé que le privilége ne se restreignait pas aux déboursés faits précisément en vue des marchandises et à l'occasion de leur envoi. On s'est fondé sur la généralité du mot *avances* écrit dans l'art. 93 du Cod. comm. Ce mot est donc générique : il comprend toutes les sommes déboursées par le commissionnaire dans l'intérêt du commettant, si elles l'ont été sur la foi du contrat de commission. Comme l'a dit M. Pardessus, au titre du Nantissement : « L'art. 93 ne distingue pas ; il donne privilége pour toutes sortes d'avances, toutes les fois qu'il y a lieu à remboursement. » D'ailleurs, ce serait chose préjudiciable à la circulation du commerce, si les commissionnaires en se dessaisissant de la marchandise qui est entre leurs mains, perdaient la plus certaine garantie de leurs avances ; et ce résultat s produirait, si le privilége se bornait à la marchandise, objets de ces avances (Rivière, *hic.*).

Mais il paraît indispensable que les avances soient faites par le commissionnaire ou par ses agents. Le privilége ne serait point dû, si les avances provenaient d'un sous-commissionnaire, à moins qu il ne s'agit de déboursés pour le transport ou la conservation de la chose : car il aurait alors le privilége qui appartient au voiturier sur les choses transportées.

Le mot *avances* n'implique pas absolument l'idée que le commissionnaire se trouve, par le fait de ces avances, créancier du commettant. Il se pourrait, en effet, qu'au moment où les avances ont été faites, il fût débiteur en vertu d'un titre non liquide, et qu'ainsi la compensation n'atteignit pas les avances. Ce serait donc une grave erreur que de subordonner le privilége à la nécessité que les avances constituent le commissionnaire, sans restriction ni tempérament, créancier du commettant.

Pour les avances que précède ou accompagne la détention, soit réelle, soit fictive, des objets expédiés, les jurisconsultes s'accordent à reconnaître le privilége ; la loi ne donne pas ouverture aux controverses. Mais la divergence se manifeste à propos des sommes qui étaient dues au commissionnaire avant l'expédition des marchandises. Nous pensons que l'art. 93 Cod. comm. ne s'appliquant pas à cette hypothèse, il faudra la régir par les principes généraux. En conséquence nous exigerons un acte écrit pour la constitution du privilége. On méconnaîtrait autrement les règles fondamentales de la matière des droits de préférence, et l'on renverserait l'art. 2074 du Code civil. Un acte régulier aura la vertu de constituer le gage ; car rien n'empêche de garantir par un gage les créances antérieures comme postérieures à la convention.

Il semblera contradictoire qu'après avoir allégué le texte de l'art. 93 pour refuser au commissionnaire un privilége en dehors de ce texte, nous étendions la faveur de son droit de préférence au montant de la commission qui lui est due ; l'art. 93, en effet, est également muet sur ce dernier point. Mais nous avons ici l'appui des principes. Le commissionnaire, en exécutant son mandat, fait l'affaire de tous les créanciers du commettant ; dès lors nous sommes autorisés à lui accorder un privilége pour sa commission. Du reste il nous en coûte peu d'avouer que cette décision n'est pas à l'abri de toute critique ; et le contraire a été jugé (Bruxelles ; 23 fév. 1828).

4° L'art. 93 porte que le commissionnaire a privilége *sur les marchandises à lui expédiées pour être vendues*. Cette condition est-elle bien essentielle au privilége ? faut-il s'arrêter à la lettre de la loi ? La doctrine et la jurisprudence n'exigent pas un mandat exprès de vente ; ainsi le commissionnaire acquiert le privilége de l'art. 93, lors même que la marchandise lui serait expédiée pour servir de gage à un prêt. Il serait préjudiciable au commerce qu'un négociant, à l'heure où éclate le besoin d'emprunter, ne pût expédier sa marchandise en gage, et se vit ainsi forcé de faire faillite ou d'envoyer à la vente dans un temps peu favorable.

Quant au commissionnaire-acheteur, quelles sûretés lui accorderons-nous ? Le législateur, en s'occupant du privilége des commissionnaires, semble avoir seulement prévu le cas de marchandises confiées par le commettant au commissionnaire. Cependant, dans le commerce, il y a des commissionnaires-acheteurs. Ainsi Pierre achète en son nom, par ordre et pour le compte de Paul, dix hectolitres de vin. Pierre est le seul obligé direct du vendeur ; il lui paie le prix et fait les autres avances nécessaires pour l'achat. Il aura bien une action personnelle en remboursement contre son commettant Paul : mais ne jouira-t-il pas aussi de certaines autres garanties ?

S'il est en possession de la chose achetée, le droit de rétention jusqu'à parfait remboursement protégera ses intérêts, même contre les tiers ; car la doctrine lui permet assez généralement de l'opposer aux tiers, c'est-à-dire aux créanciers du commettant (Valette, *privil. et hypot.* tom. 1er, p. 8). Mais qu'arrivera-t-il si le commissionnaire-acheteur n'est plus en possession, par exemple, s'il a expédié la marchandise à son commettant, qui tombe en faillite ? Nous ne pensons pas d'abord

qu'on lui puisse accorder le privilége de l'art. 93
Cod. comm. ; en premier lieu, les marchandises
seront le plus souvent achetées par le commissionnaire dans le lieu de sa résidence, et le privilége
manquera de l'une de ses conditions essentielles,
qui est l'envoi des marchandises d'une autre
place. En second lieu et dans tous les cas, la lettre
et l'esprit de l'art. 93 sont également contraires à
cette décision ; la lettre, parce qu'il ne comprend
dans ses termes qu'une expédition de marchandises faite par le commettant au commissionnaire,
et que nous supposons dans notre espèce un achat
de marchandises pour être expédiées par le commissionnaire au commettant ; l'esprit, parce qu'en
établissant le privilége de l'art. 93, le législateur a
voulu, non-seulement favoriser l'expédition des
marchandises de place en place, mais encore
donner du crédit aux négociants et leur procurer des avances ou des anticipations sur le produit
des ventes à affectuer (Valette, *loc. cit.* tome 1ᵉʳ,
page 139 ; Locré, *Législ. civ. comm. tome* 17, page
41).

Si le commissionnaire acheteur n'a pas le privilége de l'art. 93, il n'est pas davantage investi par
subrogation du privilége et autres droits du vendeur. Nous avons en effet repoussé l'idée de subrogation pour tout commissionnaire aux droits des
tiers. Il est vrai qu'un usage constant accorde au

commissionnaire acheteur la revendication *in transitu* conformément à l'art. 576 du Cod. de comm ; il est vrai aussi que des auteurs ont invoqué l'art. 2102 du Cod. Civ. pour attribuer à cet usage force de loi commerciale ; mais au regard de la doctrine pure, nous inclinons à penser qu'il y a sur ce point une lacune dans la loi ; et la loi seule pourrait la combler (Rivière, *Répét. Écrit. hic*).

5° Est-il nécessaire que l'*expédition soit nominativement faite à l'adresse du commissionnaire ?* La doctrine et la jurisprudence ont jugé inutile que la marchandise fût adressée nominativement à la personne qui a fait les avances : un connaissement peut-être à ordre (art. 281, Cod. comm.), et le destinataire sera le dernier endosseur.

Sous les conditions que nous venons d'indiquer comme indispensables, le privilége existe, sans l'accomplissement des formalités du droit commun. L'art. 95 prévoit l'hypothèse où le commettant, le commissionnaire et les marchandises se trouvent dans le même lieu. Les avances faites ne seraient alors garanties que par le privilége du créancier gagiste, constitué d'après les règles du droit civil, liv. 3, tit. 17 ; ces règles ont pour objet d'empêcher toute augmentation de la créance ou du gage par une entente du débiteur et du créancier gagiste au préjudice des autres créanciers. Mais que faudrait-il décider si, d'une part, le commettant et le commissionnaire résidaient en des lieux différents, et si, d'autre part, lés marchandises n'avaient pas été expédiées d'une autre place au commissionnaire ? Quelques personnes exigent encore pour ce cas l'accomplissement des formalités du droit civil (Pardessus, tom. II, nº 490) ; d'autres croient voir dans l'art. 95 la preuve que l'intention du législateur a été de ne soumettre le commissionnaire à ces formalités qu'autant que le commissionnaire et le commettant résident dans le même lieu ; s'ils n'ont pas une même résidence, les règles tracées pour la constitution du gage dans le droit civil seraient trop difficiles à suivre (Delam. Lepoitv. tom. 2, nº 402, Brav. *pag.* 168 ; Rivière, pag. 159).

Étendue et rang du privilége. — En examinant la troisième des conditions requises pour la constitution du privilége des commissionnaires, nous avons dû indiquer les créances qu'il garantissait. Les mots *avances et frais* de l'art. 93, nous l'avons dit, ne doivent pas s'entendre seulement de toutes dépenses relatives à la marchandise ; il s'appliquent également aux sommes et valeurs avancées sur la foi de la consignation, et généralement aux sommes et valeurs qui, sorties des mains du commissionnaire, profitent au commettant. Complétons le principe en ajoutant à ces divers débours l'intérêt qu'ils produisent, prévu comme eux par l'art. 93, et passons à l'examen du rang de notre privilége.

Le privilége du commissionnaire, en lutte avec le privilége du vendeur, le prime et prime du même coup tous ceux qui auraient été vaincus par ce dernier. On a contesté cette vérité ; la résolution de la vente, a-t-on dit, remet les parties sur le pied où elles étaient avant la vente; tous les droits concédés par l'acheteur disp[illegible] avec son droit ; si l'on admettait [illegible] [...]is-sionnaire à l'encontre du vendeur, [...]-ci n'aurait qu'une arme illusoire dans la revendication qui lui est accordée ! Mais la réponse ne se fait pas attendre. La loi n'a pas voulu mettre la revendication du vendeur en conflit avec les droits des tiers qui ont traité de bonne foi Qu'on lise l'art. 577 du .od. comm. ancien et l'art 576 qui le remplace; cette revendication, en cas de faillite de l'acheteur, ne peut s'exercer sur les marchandises expédiées que durant leur trajet par terre ou par eau, *in transitu* avant qu'elles soient entrées dans les magasins du faillli ou du commissionnaire chargé de les vendre pour le compte du failli. L'art. 576, § 2 exige de plus qu'avant l'arrivée dans les magasins, les marchandises n'aient pas été vendues. Ainsi le droit du tiers acquéreur paralyse la revendication du vendeur primitif qui n'a pas touché son prix. Qu'on ne vienne pas soutenir que la faillite de l'acheteur ayant donné ouverture à la revendication, les marchandises vendues sont rentrées. *ipso jure*, dans

le domaine du vendeur, et que tous les droits et
priviléges acquis dans l'intervalle à des tiers demeurent non avenus. *D'abord* le texte de l'art. 576
condamne formellement cette façon de raisonner.
Ensuite nous traitons d'une matière commerciale;
par conséquent il n'est ici question que de meubles
et d'effet mobiliers. Or il ne faut pas invoquer
contre nous les principes relatifs à la vente ou à
l'engagement des immeubles. Les meubles n'ont
pas de suite par hypothèque (art. 2119) ; en fait
de meubles possession vaut titre, et la revendication d'un meuble n'est admise pendant trois
ans que s'il a été volé ou perdu (art. 2279, Cod.
civ.). Si donc l'acheteur a pu vendre ces marchandises avant leur arrivée et le payement, pourquoi
n'aurait-il pu les affecter au privilége du commissionnaire? *Non debet, cui plus licet, quod minus est
non licere*; cet axiome est du droit comme de la logique. *Enfin* l'art. 93 du Cod. comm. établit le privilége du commissionnaire en termes absolus, et c'est
précisément pour le cas de faillite du commettant
que le commissionnaire est privilégié. L'art. 576
ne déroge pas à l'art. 93, et s'il ne le rappelle
point, en voici la raison: « il était inutile de le
rappeler, parce qu'il subsistait par lui-même et
qu'il suffisait pour mettre le commissionnaire à
l'abri de toute inquiétude; la part du commissionnaire étant faite par l'un, s'occuper de lui une

seconde fois dans les autres, c'eût été une redon-
dance indigne du style simple et majestueux des
lois. » (Merlin, *Quest. de droit*, v. *Revendicat*, § 7 ;
Dalloz, *commiss.* chap. I. art. 2, § 7, n° 167.)
C'est en ce sens que la jurisprudence s'est fixée.

CHAPITRE IV

Compétence en matière de commission

Nous appliquerons ici les principes généraux.
La compétence se détermine, soit en raison
de l'acte, soit en raison de la qualité. Les
actes qui sont de nature commerciale donnent
attribution aux juges consulaires; telle serait
l'entreprise de commission formée en vue d'en
retirer des bénéfices, et quel qu'en fût l'objet :
il faudrait considérer comme actes de commerce
tous les engagements contractés *pour raison* de
cette entreprise envers toute personne, sans distinguer s'ils l'ont été pour l'*objet* ou pour l'*usage*
de l'entreprise (Coin-Delisle, pag. 83), à l'exception
de ceux qui porteraient sur des immeubles (Dalloz,
Act. de comm. sect. II, art. 3. § 1, n° 163).

La compétence est aussi déterminée par la qualité. Or les entreprises de commission confèrent à

ceux qui s'y livrent la qualité de commerçants,
alors même qu'elles ont rapport à des opérations
non commerciales (Dalloz, *commerçant*, art. 2,
§ 1, n° 45.) Quant au commettant, s'il n'est pas
commerçant, et si l'acte qu'il a fait n'est pas commercial, nous croyons que le commissionnaire ne
peut l'actionner en paiement des avances et salaire
que devant le tribunal civil (Carré. *compét.* tom. II,
pag. 565 et aut.). Dalloz, *Act. de comm. Coc. cit.*
n° 174); le contraire a été jugé, mais les principes
nous imposent cette décision.

Entre le juge du domicile du commissionnaire et le juge du domicile du commettant,
lequel devra prononcer sur l'action en paiement
des avances ? La règle générale est bien qu'il faut
aller au domicile du défendeur. Mais la plupart
des cas seront régis par l'art. 420 Cod. proc. qui
considère soit le lieu où la promesse a été faite et
la marchandise livrée, soit le lieu fixé pour le
paiement, soit le domicile du défendeur et qui
donne au demandeur le choix des divers endroits.

A l'égard de l'action dirigée contre le commissionnaire, il n'est aucune raison de déroger à
l'art. 59 Cod. de proc., à moins qu'il ne se trouve
dans l'hypothèse de l'art. 420, que le commettant pourrait alors invoquer.

TROISIÈME SECTION

RÈGLES COMMUNES AU MANDAT ET A LA COMMISSION

CHAPITRE UNIQUE

Dissolution du mandat et de la commission

Les règles relatives à la dissolution du contrat de mandat et du contrat de commission sont à peu près les mêmes. Ces deux contrats ont. en effet, un but pareil, qui est la consommation d'une ou de plusieurs affaires; ils ont deux caractères communs, qui sont la *personnalité* et la *révocabilité*; nous grouperons sous ces trois chefs les différentes manières dont ils prennent fin.

I. — La commission et le mandat finissent par la consommation de l'affaire ou des affaires qui en étaient l'objet, et par l'expiration du temps pour lequel le contrat a été formé.

Les actes postérieurs à la cessation du contrat

ne lient, en général, le représenté, ni envers le représentant, ni envers les tiers avec qui ce dernier a traité. Il en est autrement, lorsque le représentant agit dans l'ignorance de la cause qui avait fait cesser ses pouvoirs, ou même lorsque, informé de cette cause, il traite avec des tiers qui en ignoraient l'existence. Au premier cas, le représenté est lié envers le représentant ainsi qu'envers les tiers de bonne foi, tout comme s'il était question d'actes passés pendant la durée du contrat : nous supposons, bien entendu, que le représentant avait pouvoir d'engager le mandant et commettant. Au second cas, et sous la même réserve, le représenté n'est lié qu'envers les tiers, sauf son recours contre le représentant (art. 2005, 2008, 2009 du Code civil). D'ailleurs le représenté qui soutient que des actes faits sous seing privé par le représentant sont antidatés, et qu'ils ont été réalisés après la cessation du mandat, doit prouver la fausseté de la date; il ne peut, relativement aux actes de son mandataire, être considéré comme un tiers dans le sens de l'art. 1328 (Aubry et Rau, sur Zachariæ, tom III, pag. 474, not.).

II. — Le mandat et la commission ont ce trait de commun avec la société, qu'ils se forment en vue des personnes, qu'ils sont déterminés par la confiance des unes dans les autres; par suite, tous les changements survenus dans l'état des personnes en entraînent la dissolution (comp. art. 1865 et 2003 Cod. Nap).

1° Ils se dissolvent donc par *le décès* de l'une ou de l'autre des parties. — Néanmoins, le mandataire qui a commencé la gestion doit, malgré le décès du mandant, la continuer ou l'achever, s'il y a péril en la demeure (art. 1991 2°). En cas de mort du mandataire, ses héritiers doivent en donner avis · au mandant et prendre, en attendant qu'il puisse lui-même pourvoir à ses affaires, les mesures que les circonstances exigent pour son intérêt (art. 2010). La mort du représenté ne met pas fin à la représentation, lorsque l'affaire qui en forme l'objet devait s'accomplir ou se continuer après son décès (loi XXII, § 17, *mand;* Poth. n° 108; Delam. et Lepoit II, 115). Il en est autrement du mandat donné au dépositaire, de remettre le dépôt à un tiers après la mort du déposant (Aubry et Rau, t. 3 § 474). D'un autre côté, le mandat subsiste même après la mort du mandant, lorsqu'il a été donné dans l'intérêt commun de ce dernier et du mandataire ou d'un tiers (Tropl. n° 718), ainsi, quand à l'époque d'un contrat un tiers a été dans son intérêt ou dans l'intérêt du débiteur, indiqué à l'effet de recevoir le paiement de l'obligation nouée par ce contrat, le mandat de ce tiers ne s'éteint pas à la mort du créancier (Durant. t. 18, 284).

2° Le mandat et la commission se dissolvent aussi par la déconfiture ou la faillite du représentant ou du représenté. Sans doute la déconfiture n'engendre pas d'incapacité; mais elle ne permet plus d'avoir confiance en la personne qu'elle atteint, et dès lors elle suffit à rompre le contrat (Brav. Demang. tom. 2, *hic*).

Une autre cause de dissolution, c'est le changement d'état de l'un ou l'autre des contractants, s'ils deviennent par ce fait incapables de conférer un mandat de même nature, ou de s'obliger par l'acceptation du mandat. L'article 2003 Cod. Nap. ne parle expressément que de l'interdiction légale ou judiciaire; mais sa disposition s'étend par identité de motifs, sous la restriction précitée, a tout changement d'état qui prive une personne de l'exercice total ou partiel de ses droits (Poth. 111; Delvinc. sur l'art. 2003; Aubry et Rau, *hic*).

III. — Le contrat de mandat et le contrat de commission sont soumis a deux causes plus spéciales de dissolution. Ils finissent:

1° Par la révocation que fait le représenté de son représentant. Le mandant ou le commettant est toujours maître de retirer, quand bon lui semble, au mandataire ou commissionnaire les pouvoirs qu'il ne lui a confiés que dans son propre intérêt (art. 2004). L'emploi du représentant est un moyen, une facilité d'agir; et s'il n'était pas loisible au représenté de le révoquer librement, ce serait une gêne, une entrave (Bravard-Demang). Mais dans le cas où le mandat aurait été conféré comme condition de quelque autre convention passée avec le mandataire ou avec un tiers, le mandant ne pourrait unilatéralement le retirer. Au reste, la stipulation d'un salaire, soit fixe, soit proportionnel, ne peut faire considérer le mandat comme établi dans l'intérêt du mandataire. Cette circonstance n'apporte aucun obstacle à la révocation. Il est bien clair d'ailleurs que le représentant révoqué a toujours droit au remboursement de ses dépenses ; le commissionnaire peut réclamer de plus un droit de commission qui sera réglé par l'usage ou par le juge (Delam. Lepoitv., tom. 3, n°s 75 ; Bédarr. 129).

La révocation du mandat ou de la commission est tantôt expresse, tantôt tacite (Poth. 114 et suiv.) Elle résulte virtuellement de la constitution d'un nouveau représentant pour la même affaire (art. 2006); peu importe que celui-ci accepte ou refuse la mission. La prudence conseille de notifier au représentant sa révocation, mais ce n'est pas une nécessité de droit; il doit s'abstenir, dès qu'il connaît le changement de volonté de son représenté (Delam. Lepoitv. tom. 3, n° 272). Sans aucun doute, le représenté n'est pas contraint de recourir au ministère des huissiers; une simple lettre missive vaut une notification régulière. Mais une lettre peut être perdue ou niée; si donc l'affaire est importante, et partant si l'époque où connaissance de la révocation est parvenue au représentant offre un grave intérêt, il est sage de ne laisser aucune place au doute. (Bédarr. 155).

Lorsque le mandat a été constaté par un acte écrit, le mandant peut, en le révoquant, contraindre le mandataire à lui remettre, selon les circonstances, l'original ou l'expédition de cet acte (art. 2004). S'il avait été gardé minute d'une procuration notariée, la prudence exigerait que le représenté fît notifier la révocation au notaire dépositaire de cet acte, avec défense d'en délivrer de nouvelles expéditions.

2° Le mandat et la commission se dissolvent enfin par la renonciation du représentant. Cette faculté ne lui appartient pas, lorsqu'il a reçu la procuration, comme condition d'une convention passée avec le représenté ou avec un tiers.

Il faut, au surplus, que le mandant ou le commettant soit encore à temps de faire l'opération par l'entremise d'un autre représentant; or ce sera rare, surtout en matière commerciale, car la commission ne se donne qu'au dernier moment; un très-court intervalle sépare l'exécution de l'ordre envoyé.

L'art. 2007 du Code Nap. ordonne au mandataire d'indemniser le mandant du préjudice que la renonciation peut lui occasionner, à moins qu'il ne se trouve dans l'impossibilité de continuer la gestion sans s'exposer lui-même à des pertes considérables. Cette disposition est-elle applicable dans toute sa portée au cas de commission? Des auteurs du plus

haut mérite se refusent à croire qu'un préjudice con-
sidérable que causerait au commissionnaire l'achèvement de l'affaire dont il s'est chargé, l'autorise à
renoncer impunément. Le commissionnaire, disent-
ils, utilise son crédit et fait valoir ses capitaux; il
exerce son commerce en acceptant la commission,
de même que le commettant exerce le sien en la lui
confiant; dès lors il ne paraît pas juste que le commissionnaire puisse abandonner l'affaire du commettant, pour soigner ses propres affaires (Brav.
Demang; Delam. Lepoitv., tom. 2, 182; Bédarr. 24
et 25).

Le mandataire, croyons-nous, trouverait une
juste cause de renonciation dans une maladie
grave qui lui surviendrait, ou dans une inimitié
capitale qui éclaterait entre le mandant et lui.
C'était la décision des jurisconsultes romains (fr.
23, 25 *mand.*), et Pothier l'avait acceptée; une
maladie grave, disait-il, est un cas fortuit dont le
mandataire n'est pas garant, et l'on ne doit pas
exiger de lui l'impossible ; quand il se produit des
inimitiés capitales entre le mandataire et le mandant, le mandat doit cesser par la rupture des
bonnes relations, « étant contre la nature des
choses qu'un ennemi exige de son ennemi un
office d'amitié. » (*Mandat*, n°ˢ 39-40.)

Faut-il admettre la même doctrine pour le commissionnaire ? Quant à la maladie grave, elle ne

sera pas une juste cause de renonciation pour le commissionnaire de profession ; car en s'adressant à lui, on s'est adressé à sa maison de commerce, et les opérations seront continuées sur son nom par ses préposés ou commis. En ce qui concerne la survenance d'une inimitié capitale, elle n'altère pas les rapports du commettant avec le commissionnaire ; car la commission est un acte de commerce, et se fonde sur leur confiance réciproque dans leur probité et leur solvabilité, confiance qui n'est point détruite par l'inimitié.

POSITIONS

—

I. L'acquisition de la possession s'opère d'après l'intention du représenté *tradens*, alors même que le représentant, infidèle à ses devoirs, voudrait acquérir pour lui-même ou pour un tiers.

II. Celui qui acquiert la possession d'un tout, ne possède que le tout et non point chaque partie considérée comme telle ; bien que d'ailleurs la possession une fois acquise ne se perde point par le fait seul que la chose unie à une autre constitue un nouveau tout.

III. Il résulte de la Constitution 1, au Cod. *de poss.*, que la règle, que les hommes libres peuvent acquérir la possession au nom d'autrui, était déjà reçue au temps des empereurs Sévère et Antonin, qu'elle était en vigueur à l'époque de Nératius, et même de Labéon.

IV. L'*ignorantis possessio* est impossible par le *negotiorum gestor* et par le *procurator omnium bonorum*.

V. La faculté d'agir contre le père de famille , à

raison des engagements contractés par les personnes soumises à sa puissance, ne résulte pas exclusivement du droit prétorien.

VI. Le créancier gagiste n'acquiert point par l'esclave qu'il a en gage.

VII. La *mora* de l'un des *rei pnomittendi* n'a pas, relativement à l'autre, le même effet que sa *culpa in committendo*.

DROIT CIVIL ET COMMERCIAL

I. Le mandat de détruire un testament sous seing-privé, donné pour un cas prévu par un testateur à son ami, ne peut être légitimement exécuté; surtout après le décès du testateur.

II. En recevant et gardant par devers soi sans protestation un compte par lequel on est constitué débiteur pour avances faites à un tiers, on est présumé ratifier ces avances.

III. Le liquidateur d'une Société de commerce n'est, aux termes du droit commun, qu'un simple mandataire, encore que ce liquidateur ait été associé gérant de la Société (en commandite) ; et comme simple mandataire, il ne peut engager la Société par un compromis.

IV. Le compromis souscrit sans fraude par le mandataire, depuis la faillite du mandant, et dans l'ignorance de cette faillite, est valable. Si par

suite de ce compromis, et toujours dans l'ignorance de la faillite, les arbitres rendent leurs sen-
tences, les créanciers du failli ne peuvent prendre
contre cette sentence la voie de tierce opposition.

V. La nécessité de l'expédition d'une autre place
pour constituer au commissionnaire le privilége
de l'art. 93, est absolue et ne fléchit pas même en
faveur des entreprises de commission.

VI. Lorsqu'un négociant a acquitté des lettres
de change d'un autre négociant pour qui il a reçu
des marchandises à vendre, s'il lui arrive de ne
pouvoir se payer sur le prix des marchandises et
d'avoir à intenter une action en remboursement,
il peut la porter devant les juges de son propre
domicile, comme étant le lieu où il devait être
payé de ses avances.

VII. L'art. 101 du Cod. de comm. doit être entendu en ce sens qu'il y a aussi contrat entre le
voiturier et le propriétaire des marchandises mandant de l'expéditeur, dont le commissionnaire devient subrogé mandataire.

VIII. Ne peut se dire tiers, dans le sens de l'art.
1328, le mandant qui prétend que les actes passés
par son mandataire sont antidatés et faits en réalité
après la cessation du mandat. La preuve est à sa
charge.

IX. Lors même que le dépôt se mêle au mandat,
on ne doit pas dire qu'en général les mandataires

soient tenus *in solidum* de la restitution de la chose qu'ils ont reçue ensemble.

X. Lorsque le mandat est donné par plusieurs pour une affaire commune, chacun des mandants peut le révoquer dans la mesure de son intérêt.

XI. La procuration spéciale pour telle affaire n'est pas abrogée par la procuration générale postérieurement donnée à un autre. La procuration spéciale déroge, en ce qui la concerne, à la procuration générale antérieurement donnée à un autre et qui la comprenait.

XII. L'art. 2006 du Code civil se trouve réduit, par la force des choses, à l'état de simple présomption *juris*, malgré l'art. 1352.

XIII. La qualité ostensible de procureur couvre tout ce qui a été fait par les tiers avec celui qui la porte, pourvu qu'ils soient de bonne foi. Ce droit des tiers prévaut sur celui des héritiers mineurs du mandant.

XIV. Bien que l'art. 2007 exige pour la validité de la renonciation qu'il en ait été donné avis au mandant par le mandataire, cependant, *si aliquâ ex causâ non potuit nuntiare, securus erit*.

DROIT DES GENS

I. Un État tributaire, vassal, ou sous le protectorat d'un autre État, ne perd pas le droit d'envoyer et de recevoir des ministres publics. Il n'en est plus de même d'une ville sujette, se reconnaissant telle, mais ayant néanmoins le droit de traiter avec les puissances étrangères.

II. La diversité des différents ordres de mandataires internationaux ou agents diplomatiques correspond à la diversité des mandats qui leur sont confiés.

PROCÉDURE CIVILE

I. Le jugement rendu avec le curareur à une succession vacante, n'est pas sujet à la tierce-opposition de la part de l'héritier qui a depuis accepté cette succession.

II. Les jugements rendus avec les syndics d'une union peuvent être frappés d'opposition de la part des créanciers qui n'ont pas accédé au contrat d'union, si le contrat d'union n'a pas été homologué.

III. Celui qui a soutenu un procès pour une chose commune entre lui et d'autres personnes, peut répéter de ses consorts leurs parts des frais qu'il a exposés, lorsqu'ils partagent le gain de la cause avec lui, même s'il lui a fallu exposer autant de frais pour lui seul que pour tous ses consorts ensemble.

DROIT ADMINISTRATIF

I. Les communes ont besoin de l'autorisation des conseils de préfecture, même pour défendre en justice.

II. Les syndicats organisés dans l'intérêt commun de plusieurs communes ne peuvent aliéner un terrain quelconque de l'une d'elles, sans le consentement du conseil municipal de celle-ci.

DROIT PÉNAL, INSTRUCTION CRIMINELLE

I. L'art. 334 du Cod. pénal atteint-il les frais personnels et directs d'impudicité sur les mineurs? — Non.

II. Le décès du prévenu fait nécessairement cesser la compétence du juge correctionnel, même d'appel, pour l'action civile, sans distinguer si l'action civile était déjà engagée, ou ne l'était pas, devant la juridiction correctionnelle au moment du décès.

III. La nullité de l'arrêt devrait être prononcée, s'il était prouvé que l'un des jurés avait moins de trente ans, lors même que, par erreur, il serait porté sur la liste avec indication de *l'âge requis*. Le droit d'apprécier les qualités civiles et politiques des jurés n'appartient pas à l'autorité administrative seule.

IV. La chose jugée au criminel n'a pas d'influence sur les instances portées au civil.

DROIT COUTUMIER

I. Il n'y a pas de bail en vilenage.

II. L'empêchement du mariage qui résulte de l'engagement dans les ordres majeurs est-il prohibitif ou dirimant? — Il faut distinguer deux époques dans le droit.

HISTOIRE DU DROIT

I. L'origine de la noblesse se tire des fiefs; tout possesseur de fiefs est un *miles*, c'est-à-dire un noble.

II. Les *Établissements de Saint-Louis* ne sont pas une œuvre législative.

Vu par le président,
A. BATBIE.

Vu par le Doyen,
G. COLMET-DAAGE.

Vu et permis d'imprimer.

Le vice-recteur de l'Académie de Paris,
A. MOURIER.

828 — Abbeville. — Imp. Briez, C. Paillart et Retaux.

ABBEVILLE. — IMP. BRIEZ, C. PAILLART ET RETAUX